国際取引における
準拠法・裁判管轄・仲裁
の基礎知識

大塚章男［著］

中央経済社

はじめに

　私は，法科大学院と大学院修士課程（いずれも社会人大学院）において国際取引法の講義を長年行い，また国際商事法研究所において定期的に国際取引法に関するセミナーを開講している。そこには会社の法務室に属する方々も多く参加している。

　「本製品の危険と所有権は，代金完済の時に売主から買主に移転する。」この条項はどのように解釈されるのか，どのように適用されるのか。知的財産権の侵害事件で準拠法や国際裁判管轄はどうなるのか。特許のライセンス契約や合弁契約（株主間契約）において，準拠法の指定をする意味はどこにあるのか。準拠法の指定があれば，必ずその指定準拠法が適用される保証はあるのか。契約書ドラフト段階で，管轄と準拠法について争いがあり，どちらか選べと言われた場合，どちらを取るべきか。紛争解決手段として，裁判と仲裁，どちらが良いか。などなど多くの議論をしてきた。しかしながら，多くの場合，理論的な回答は得られない。

　紛争解決条項自体は多くの場合シンプルな条項である。それを契約書に入れさせるか否かの選択である。契約書に自己に有利な条項を入れることに成功すれば，それで勝ったと言うことで，思考を止めてしまう。しかし問題はその条項がどういった意味をもつかということであって，法律家としてはそこで思考を止めてはいけない。一度はその条項の意味を論理的に深く考えなければならない。それは指定した準拠法の意味や守備範囲についても同じであり，熟知しておく必要があろう。

　本書は，実務家や学部・大学院の学生に向けて，準拠法，国際裁判管轄，仲裁に関する考え方のエッセンスを送るものである。ここで「準拠法」とし「国際私法」としなかったのは，本書の目的が準拠法選択の意味を理解するために必要なツールを与えるためのものだからである。国際私法を体系的に学びたい

場合は，そういった表題の本で学んで欲しい。

　本格的なグローバル化の時代を迎え，輸出関連企業はもちろんのこと，中堅企業や中小企業だけでなく，第一次産業分野にとっても，海外への進出は避けては通れない課題となっている。また，国際取引においても，ITの進化により，商社を中心としたBtoBの社会ではなく，誰でもがインターネットに接続でき流通に参画するBtoCの社会となっている。誰もがボーダレスの国際取引の当事者（売主も買主も）となり得るのである。今後はブロックチェーンによりサプライチェーンが大きな変革を遂げると予測される。こうした世の中において，国際取引に関する紛争に巻き込まれる可能性も身近なものとなっていくであろう。

　紛争解決の分野においては，近時，特に国際仲裁に熱い視線が注がれている。昨年，政府は国際仲裁の活性化に向けた取組みを示した。しかし，国際仲裁を支える仲裁人等の人材難（特に英語の壁）により，日本がアジアの仲裁センターとなるには道は少々遠いかもしれない。しかし，利用者である企業がこういった種を育てることも必要であろう。でなければいつまでたっても「仲裁は日本で＊＊仲裁所の仲裁規則に従って行われる」という条項は絵空事になってしまう。

　本書は中央経済社学術書編集部編集長の露本敦氏の企画により誕生した。また脱稿までさまざま有益な示唆を頂いた。ここに改めて謝辞を表したい。また，これまでさまざまお世話になった方々にも合わせ感謝を申し上げたい。

　令和元年5月

大塚　章男

目　次

序　本書の構成と検討対象について・9

第1部　準拠法—国際私法のエッセンス

Ⅰ　広義の国際私法（抵触法）……………………………18
　1　抵触法の2つの手法・18
　2　私法と公法の区別・19
　3　公法の域外適用・19
　4　外国公法不適用の原則・20
　5　適用法規等の分類・21

Ⅱ　狭義の国際私法………………………………………23
　1　準拠法の選択に関する法・23
　2　法律関係の法性決定（第1段階）・24
　3　連結点の確定（第2段階）・27
　4　準拠法の特定（第3段階）・28
　5　準拠法の適用（第4段階）・30

Ⅲ　通則法のもとでの準拠法決定ルール……………………35
　1　準拠法指定がある場合（7条）・35
　2　準拠法指定がない場合の準拠法の決定（8条）・39
　3　事後的な準拠法の指定・変更（9条）・44
　4　法律行為の方式（10条）・45
　5　絶対的強行法規（国際的強行法規）・48
　6　物権・準物権準拠法（13条）・52

7　担保物権の準拠法・55
　　　8　法定債権の準拠法・55
　　　9　知的財産権の準拠法・61
　　10　法人の準拠法・64
　　11　通　貨・67
　　12　消滅時効・68
Ⅳ　契約類型ごとの検討……………………………………………70
　　　1　動産売買契約（ウィーン売買条約とインコタームズ）・70
　　　2　消費者契約・77
　　　3　労働契約・84
　　　4　業務委託契約・89
　　　5　職務発明・89
　　　6　合弁契約（株主間契約）など・90
　　　7　保証契約・91
　　　8　代理関係・93
　　　9　和解契約・94
　　10　相　殺・95
Ⅴ　準拠法選択の条項例……………………………………………97
　　　1　シンプルな条項例・97
　　　2　ウィーン売買条約・98
　　　3　インコタームズ・99
　　　4　その他・100

第2部 国際裁判管轄

- I 裁判管轄権とは……………………………………………102
  - 1 総論・102
  - 2 裁判権免除・102
  - 3 国際裁判管轄の決定のプロセス・105
- II 民事訴訟法における国際裁判管轄決定のプロセス……107
  - 1 被告の住所地の国際裁判管轄（3条の2）・107
  - 2 特別管轄原因・109
- III 外国判決の承認・執行…………………………………133
  - 1 間接管轄（1号）・134
  - 2 送達要件（2号）・135
  - 3 公序要件（3号）・135
  - 4 相互の保証（4号）・137
- IV 契約類型ごとの検討……………………………………138
  - 1 動産売買・138
  - 2 消費者契約・139
  - 3 労働契約・144
  - 4 保証・147
  - 5 知的財産権に関する国際裁判管轄・147
- V 国際裁判管轄のドラフティング………………………149
  - 1 国際裁判管轄・149
  - 2 国際裁判管轄地の選択の観点・149
  - 3 専属的管轄・150
  - 4 送達代理人・153
  - 5 裁判権免除の放棄条項・154

第3部　仲　裁

- Ⅰ　総　論……………………………………………………158
  - 1　仲裁の意義・158
  - 2　仲裁と裁判のメリット・デメリット・159
- Ⅱ　仲裁に関する論点…………………………………………161
  - 1　常設仲裁機関・161
  - 2　仲裁手続の流れ・162
  - 3　仲裁の対象・163
  - 4　仲裁廷・164
  - 5　仲裁法の対象・164
  - 6　仲裁手続と準拠法・165
  - 7　仲裁合意の成立・効力の準拠法・168
  - 8　主契約と仲裁契約との分離可能性・170
  - 9　仲裁合意の方式の準拠法・171
  - 10　仲裁判断において準拠すべき実体法・172
  - 11　仲裁可能性（適格性）の準拠法・172
  - 12　仲裁判断の取消し・175
  - 13　外国仲裁判断の承認・執行・179
  - 14　仲裁法とニューヨーク条約の承認・執行の拒否事由・182
  - 15　仲裁廷と裁判所の保全処分・186
  - 16　仲裁と調停等・187
  - 17　仲裁人・189
- Ⅲ　契約類型における検討……………………………………191
- Ⅳ　仲裁条項作成上の注意点…………………………………194
  - 1　必要的記載事項・194
  - 2　有益的記載事項・195

〔参考図書〕

本書を読む上で参考となる図書を下記のように推薦する。

松岡 博〔編〕『国際関係私法入門〔第4版〕——国際私法・国際民事手続法・国際取引法』(有斐閣, 2019)
1冊で, 国際私法・国際民事手続法・国際取引法の3つの分野の基本を学べる司法試験の定番教科書。事例式で学びやすいが, 国際取引に関連する部分で見ると情報量はやや少ない。

松岡 博〔著〕＝高杉 直〔補訂〕『国際関係私法講義〔改題補訂版〕』(法律文化社, 2015)

中西 康＝北澤 安紀＝横溝 大＝林 貴美『国際私法〔第2版〕(LEGAL QUEST)』(有斐閣, 2018)

この2冊は国際私法に関する近時の定番教科書。

櫻田 嘉章＝道垣内 正人〔編〕『国際私法判例百選〔第2版〕(別冊ジュリスト210号)』(2012)
国際私法の重要な判例が一覧できる。

櫻田 嘉章＝道垣内 正人〔編集〕『注釈国際私法 (第1巻), (第2巻)(有斐閣コンメンタール)』(有斐閣, 2011)
国際私法, 日本では「法の適用に関する通則法」の逐条解説では最終的な権威書といえる。

小出 邦夫〔編著〕『逐条解説 法の適用に関する通則法〔増補版〕』(商事法務, 2015)
立法担当者がまとめた逐条解説書。家族法関係の記述が薄いが, 逆に言えば国際取引に関する条文の解説は厚い。

秋山 幹男＝伊藤 眞他『コンメンタール民事訴訟法I〔第2版追補版〕』(日本評論社, 2014)
第2版刊行後の国際裁判管轄に関する改正(平成23年)を, 約100頁に及ぶ

「追補」で対応したもの。しかし，部位によっては下記の「一問一答」が理解しやすいかもしれない。

佐藤 達文＝小林 康彦〔編著〕『一問一答　平成23年民事訴訟法等改正―国際裁判管轄法制の整備』（商事法務，2012）
国際裁判管轄に関する民訴法の条文解説としては一番良い。

小島 武司＝高桑 昭〔編〕『注釈と論点　仲裁法』（青林書院，2007）
仲裁法の逐条解説・論点解説としては，現在のところこれが一番である。

シティユーワ法律事務所〔編〕＝前田葉子〔編著〕『Q&A 法務担当者のための国際商事仲裁の基礎知識』（中央経済社，2018）
近時の国際商事仲裁の実務を知る上では好個の一冊である。

道垣内 正人『国際契約実務のための予防法学―準拠法・裁判管轄・仲裁条項』（商事法務，2012）
国際私法の権威者の手によるもので，国際契約における準拠法・裁判管轄・仲裁の各条項をドラフティングする際の留意点を解説したもの。この分野においては唯一といえ好個の一冊であるが入手困難となっている。

"Examples & Explanations: Conflict of Laws 4th Edition"（2016）
　　Michael H Hoffheimer
"Conflicts in a Nutshell 4th Edition"（2015）
　　Patrick Borchers
アメリカの抵触法が簡明に説明されている。

"Dicey, Morris & Collins on the Conflict of Laws"
EU，UK における抵触法に関する決定的な権威書である。2分冊。

序　本書の構成と検討対象について

　法律実務家に向けて，紛争解決条項，つまり国際私法（準拠法選択），国際裁判管轄（裁判管轄の合意），仲裁に関する合意の法務につき解説を加えることが本書の目的である。ここで，国際取引での紛争解決のプロセスについて若干ひも解いてみたい。

　国際取引契約では紛争解決条項として以下のような条項を入れるのが普通である。

> **第○条　準拠法**
> 　本契約は日本法にしたがって解釈する。
> **第○条　裁判管轄**
> 　本契約から生じる一切の紛争は，日本国の東京地方裁判所を第1審の専属裁判管轄とする。

　さて，このような条項は「万能」なのであろうか。すべての場面で有効であり，それを信じて将来の紛争対応に備えれば十分なのであろうか。残念ながら，答えは No である。

　国際取引契約の起案段階において，準拠法選択条項がまず注目され，準拠法をなんとか有利な国の法（通常は日本法）にできないか奮闘することは多い。確かに準拠法は重要である。

　しかし順番からいうと，法廷地がまず決まり，その国の国際私法によって決定された準拠法（実質法）が適用される。つまり，準拠法決定のプロセスの前に，法廷地を確定するプロセスがある。国際裁判管轄権がいずれの国にあるのかをまず決めなければならないのである。具体的に見てみよう。

　A 国の裁判所に訴訟が提起された場合，まず A 国の国際民事訴訟法に基づい

て，A国に国際裁判管轄権があるか否かが決定される。国際民事訴訟法は，現在のところ国際的に統一されていないため，それぞれの国が独自の基準に従って国際裁判管轄権の有無を判断することになる。

そして，A国に国際裁判管轄が認められた場合には，次の段階として，A国の国際私法に基づいてその訴訟に適用される準拠法が決定される。国際私法も，国際民訴法と同様に，国際的に統一されていないため，準拠法の決定基準は国によって異なる。

このように，国際裁判管轄の決定プロセスと準拠法の決定プロセスは異なるレベルの問題であり，先後関係があると考えられる。以上が一般論である。

契約書で管轄や準拠法さえ合意しておけば安心であるといわれることがあるが，これは誤りである。たとえば（管轄合意のある）A国ではなくB国で提訴され，B国裁判所が自国に国際裁判管轄権があると認めればB国で裁判が追行される。次にB国の国際私法によって準拠法が決定されることになる。また管轄合意のあるA国の裁判所に提訴したところA国の裁判所で国際裁判管轄の合意が拒否される場合もある。仮に，首尾よく，A国で管轄権が認められたとして，次に準拠法決定のプロセスとなるが，準拠法の合意があっても，場合によってはA国の国際私法によりその適用が排除され，また法廷地法の法律が強制的に適用されることもある。

このように，紛争解決条項，つまり準拠法，裁判管轄（または仲裁）についてきちんと事前に合意さえすればそれが遵守されて，その通りに実行されていくという保証は必ずしもない。

さらに，たとえば，一方に都合のいい準拠法の選択に合意が至らず準拠法条項の定めを断念せざるを得ないことがある。その場合は（法廷地における）準拠法指定がない場合の国際私法の準拠法選択ルールによって決定されることになる。そのように決定される準拠法で満足かを前もって議論しなければならない。国際裁判管轄も同じで，たとえば将来の対抗訴訟を意識して，専属的裁判管轄を定めない場合がある。このとき管轄合意のない場合の国際裁判管轄権の

所在を事前に検討しなければならない。このような不安定さ，予見可能性の低さが，ドメスティック紛争と根本的に異なる点である。

もちろん，相手方と交渉し十分な紛争解決条項を規定しておくことは必要である。しかしながら，それだけではなく，国際私法，国際裁判管轄，仲裁についての包括的な理解も必要となる。

さらに，裁判において勝訴判決を得た場合等においては，通常は相手方の財産に対して強制執行を行うこととなるため，強制執行の可能性という観点からの検討も必要である。したがって，契約において裁判管轄地を定めるにあたっては，相手方が現在および将来においてどこの国に資産を有するかを検討し，当該勝訴判決（外国判決）で，その資産に対する強制執行が可能か否かを確認しておく必要がある。仲裁も同様である。

さらに，「一般条項（ボイラープレート条項）」に関してここで一言する。国際取引契約でいわゆる存続条項（survival clause）を規定することが多いが，その中で紛争解決条項に言及することを忘れないで頂きたい。

The provisions of Articles XX (　　), XX (Confidenciarity), XX (Governing Law) and XX (Jurisdiction) of this Agreement shall survive the expiration or termination hereof.

契約終了後に違反が発見され損害賠償請求訴訟を提起するとき，従前の紛争解決条項も失効していては意味がないからである。

以上の次第で，本書では，国際私法，国際裁判管轄，仲裁について国際取引契約で最低限必要な知識を論じている。その後に紛争解決条項の起案についての文案を示して具体的に解説を加えた。

【紛争解決条項のロードマップ】

●第1部　国際私法●

I　広義の国際私法

II　狭義の国際私法
国際私法による準拠法の決定・適用のプロセス
(1) 法律関係の法性決定
(2) 連結点の確定
(3) 準拠法の特定
(4) 準拠法の適用

III　通則法による準拠法決定ルール
契約準拠法についての当事者自治（通則法7条）
準拠法の選択がない場合（通則法8条）→最密接関係地，特徴的給付の理論
契約準拠法の事後的変更（通則法9条）
契約の方式の準拠法（通則法10条）
絶対的強行法規について→準拠法選択にかかわらず常に適用される
物権準拠法・準物権準拠法（通則法13条）→所在地法
担保物権の準拠法
法定債権の準拠法（14条〜22条）
知的財産権の準拠法→属地主義の原則，域外適用
　侵害の準拠法→国際私法：登録国法（特許・商標等），保護国法（著作権）
　譲渡・ライセンスの準拠法：登録国法（特許・商標等），保護国法（著作権）
法人の内部関係→法人従属法たる設立準拠法
通貨→通貨発行国法（公法的問題）
消滅時効→債権準拠法？＋公序

IV　契約類型ごとの考慮点
動産売買契約→CISG，インコタームズ
消費者契約（通則法11条1項＋絶対的強行法規）
労働契約（通則法12条1項＋絶対的強行法規）

職務発明の準拠法
　　合弁契約など→設立準拠法
　　保証契約
　　和解契約
　　相　殺

V　条項例
　　シンプルな条項例
　　ウィーン売買条約の排除
　　インコタームズ

●第2部　国際裁判管轄●

I　裁判管轄
　　裁判権免除（主権免除）→民事裁判権法
　　国際裁判管轄決定のプロセス

II　民訴法における国際裁判管轄決定のプロセス
　　被告の普通裁判管轄（民訴法3条の2）
　　特別裁判管轄（3条の3～3条の10）
　　(1)　債務履行地管轄（3条の3第1号）
　　(2)　財産所在地管轄（同3号）
　　(3)　営業所所在地管轄・事業活動地管轄（同4号・5号）
　　(4)　法定の専属管轄（3条の5）
　　(5)　併合請求の管轄（3条の6）
　　(6)　国際裁判管轄の合意（3条の7第1号～4号）→有効要件・方式，専属管轄合意の要件
　　(7)　応訴管轄（3条の8）
　　(8)　「特別の事情」のアプローチ（3条の9）
　　(9)　国際的訴訟競合
　　(10)　法定の専属管轄の適用除外（3条の10）
　　(11)　保全事件の管轄（民事保全法11条）

III 外国判決の承認・執行（民訴法118条）
(1) 間接管轄
(2) 送達要件
(3) 公序要件
(4) 相互保証

IV 契約類型ごと
1. 動産売買（主として3条の3第1号）
2. 消費者契約（3条の4第1項・3項，3条の7第5項）
3. 労働契約（3条の4第2項・3項，3条の7第6項）
4. 保 証
5. 知的財産権→存否・効力の訴え（3条の5第3項），それ以外

V 条項例
専属管轄合意の条項（＋保全条項）
送達代理人
裁判権免除の放棄条項

●第3部 仲 裁●

I 総 論

II 論 点
機関仲裁とアドホック仲裁
仲裁の対象（仲裁法2条1項）
仲裁廷（法2条2項）
仲裁法の対象（法1条，3条，4条）
仲裁手続と準拠法→「仲裁地」とは（法28条1項）
仲裁合意の成立・効力の準拠法→仲裁判断の取消・執行の場面（法44条1項2号・45条2項2号）とそれ以前の場面
主契約と仲裁契約の分離可能性（法13条6項）

仲裁合意の方式の準拠法（法13条2項，NY条約2条1項）
仲裁判断において準拠すべき実体法
仲裁可能性の準拠法→仲裁地法，ただし承認・執行段階では法廷地法
仲裁判断の取消し（法44条）
外国仲裁判断の承認・執行→NY条約と仲裁法（法45条，46条）
仲裁法・NY条約の承認執行の拒否事由
仲裁廷と裁判所の保全処分（法15条）
仲裁と調停等→簡易仲裁，調停，Consent Award，ADR
仲裁人（法16条1項，17条1項）

Ⅲ 契約類型ごと
消費者契約・個別労働契約（附則3条，4条）

Ⅳ 条項例
必要的記載事項
有益的記載事項
各常設機関による仲裁の条項
クロス方式の仲裁
裁判権免除の放棄
仲裁人の員数・選任・資格
ディスカバリー手続
暫定的救済条項→仲裁廷による保全処分の執行力？
fast-track
誠実交渉
調停のプロセス：調停→仲裁，交渉→調停→仲裁，仲裁→調停→仲裁
機密保持
懲罰賠償の排除
仲裁費用の負担

準拠法
——国際私法のエッセンス

I

広義の国際私法（抵触法）

1 抵触法の2つの手法

　抵触法（法の抵触に関する法：conflict of laws）とは，国際的な法律関係について，どこの国の法を適用するべきかを解決する法をいう。これには，いわゆる準拠法選択（choice of law）の手法と場所的適用範囲の確定の手法とがある。

　民法・商法などの私法（民事法）では準拠法選択ルール（どこの国の法律を適用するか）の問題として扱われる。これに対し，憲法，行政法，刑罰法規，税法などの公法においては，場所的適用範囲の確定の問題（どの地域へ法の適用を及ぼすのか）として扱われる。国際商取引に適用されるのは私法だけでなく公法も含んだ法律の束であるから，このようなアプローチの区分が常に必要となる。

　公法においては，原則として属地主義の原則（territoriality）が適用される。公法は国家権力と密接に結びついており，したがって一国の公法はその国の領土内において生じた事実関係（違反事例）に対してのみ適用されるのが原則だからである。国境を越えて国外の行為・出来事に対して法律を適用することは域外適用（extraterritorial application）とか域外管轄権（extraterritorial jurisdiction）といわれている。このように，国家権力と密接に結びついた公法においては場所的適用範囲確定の問題が生じることとなる。

I 広義の国際私法（抵触法） 19

こうした適用関係を整理すると以下のようになる。

```
公法か ─┬─ Yes→場所的適用範囲の問題（例：刑罰法規，税法，独禁法）
        │      法規からのアプローチ→属地主義・域外適用の問題
        └─ No→準拠法の選択の問題（例：民法，商法，家族法）
               法律関係からのアプローチ→いわゆる国際私法の問題
```

2　私法と公法の区別

　このように，抵触法の適用の前提として，私法と公法の二分法を前提とするのが伝統的な立場である。それでは，私法と公法はどのように区別するのか。この区分は簡単ではない。たとえば，消費者契約や労働契約の分野では経済的弱者の保護の観点から，「私法の公法化」と呼ばれる現象が生じている。

　どちらのアプローチを採るべきかは，最終的には，（法令の中の）具体的な個々の規定の目的，趣旨，内容によって決定されることになる。

3　公法の域外適用

　アメリカでは早くから反トラスト法（我が国でいえば独占禁止法）の域外適用が行われてきた。日本企業（メーカーと商社）が，我が国においてアメリカ向けの製品の輸出カルテルを行ったとして，アメリカで刑事訴追されたという事件があるがここではシャーマン法1条が域外適用された。その際，効果主義が適用されてきた。効果主義とは，国外で行われた行為が国内に実質的な効果を及ぼす場合には，当該国外の行為についても法規の適用をするものである。競争法であれば，国内に効果を及ぼすとは，国内の自由・公正な競争秩序に影響を及ぼす場合である。我が国においても，最判平成29年12月12日は「本件［価格カルテルの］合意は，日本国外で合意されたものではあるものの，我が

国の自由競争経済秩序を侵害するものといえる」として，効果理論により独占禁止法の課徴金納付命令に関する規定の域外適用を認めたと思われる。

独占禁止法だけではなく，たとえば，我が国刑法典では明文で域外適用が規定されている（刑法2条〜4条参照）。たとえば，国外での日本通貨の偽造と行使は，我が国の通貨の信用性を毀損することになるため，通貨偽造・同行使罪を域外適用する必要が認められる（同法2条4号）。

4　外国公法不適用の原則

外国公法不適用の原則は「いずれの国家においても，他の国家の公法は適用せられえない」と表現される。公法の場合，これと国家権力とを切り離して考えることは困難であり，したがって，この原則は，国家機関（とりわけ裁判所）は他国の公法（規制法規なども含む）を適用しないということを意味する。すなわち一国の公法は，その国の裁判所によってのみ適用せられるにとどまるのであり，これはたとえば，日本の裁判所が，ある行為に対し米国ニューヨーク州刑法を適用して重罪として有罪判決をすることがなく，また米国歳入法典（IRC）に基づいて税の支払命令を言い渡すことがないことを想起すれば当然といえよう。これは公法の一方的適用原則（unilateralism）ともいわれている。

たとえば，上述の例でいえば，独占禁止法において公正取引委員会が発する排除措置命令（独禁法7条等）や課徴金納付命令（同法7条の2等）に関する規定は公法にあたる。したがって，外国公法不適用の原則が適用される。他方で同じ独占禁止法内の規定であっても，私訴により請求される差止め請求（同法24条）や損害賠償請求（同法25条）は私法的法律関係であり，外国公法不適用の原則はあたらない。

さらに留意すべき点は，外国の公法が定める公法的措置を実施することはできないにしても，外国の公法が目的とする私法的法律効果を実現することは可能であるということである。たとえば，外国の輸出入禁止法や外為法に違反する売買契約を，我が国の民法90条（公序良俗）の適用を通じて，無効とする考

えもありえる。これは，いわゆる強行法規の特別連結理論において議論されてきた論点である。

5 適用法規等の分類

国際商取引ではさまざまな法規が適用されるが，それらの法規はその性格に応じていくつかに分類される。

(1) 抵触法と実質法

抵触法：国際私法は，法の抵触を解決するための法という意味で抵触法と呼ばれることがある。我が国において従来の主要な法は「法例」であったが，2006年に「法の適用に関する通則法」として全面改正された。

実質法：個々の法律関係を具体的に直接規律する各国の民法，商法などの私法を実質法と呼んでいる。実質法（私法）が抵触法に従って適用される場合，これを「準拠法」という。また，ここに私法のみでなく公法（独占禁止法，外為法，金商法など）を含める考え方もある。

(2) 渉外実質法

各国の実質法の中には，渉外的な私法関係を直接に規律の対象とする法規がある。たとえば民法3条2項や35条などの外国人の権利能力や外国法人の認許および権利能力に関する規定，会社法817条以下の外国会社に関する規定などである。法典としては国際海上物品運送法などがその例である。

(3) 統一私法

一定の法律関係についての各国の私法規定を統一するための法規範であり，条約の形式をとるのが一般である。下記のように世界統一法型と万民法型に分けることができる。なお，統一私法の適用については，国際私法との関係が問題となる。

世界統一法型：内容を異にする各国の法規を統一することを目的とする。例として，為替手形・約束手形統一法条約，著作物保護に関するベルヌ条約，工業所有権保護に関するパリ条約などがこれにあたる。

万民法型：各国の国内法規はそのままにしつつ，渉外法律関係に関する規定のみの統一を目的とする。たとえば，国際航空運送に関するワルソー条約（その後のモントリオール条約），ウィーン売買条約（CISG）などがこれにあたる。

(4) 統一規則と標準約款

統一規則：民間機関によって作成された一定の取引に適用される規則をいう。国際商業会議所（ICC）が作成したインコタームズや信用状統一規則がその典型である。実際の取引実務では統一法としての役割を果たしている。

標準約款：一定の取引に必要な条件が網羅的に条項化されている標準的なモデル契約書式をいう。いわゆる附合契約である。プラントの輸出契約，海上保険約款など広く使用されている。

II
狭義の国際私法

1　準拠法の選択に関する法

　狭義の国際私法は，渉外的な私法的法律関係に関連する国々の法の中から，その法律関係を規律するのにもっとも適切な法規を選択して適用するための法すなわち準拠法の選択に関する法をいう。

　国際私法は，基本的に国内法であり，我が国では2006年制定された「法の適用に関する通則法」（以下「通則法」という）がこれにあたる。国際私法の機能は具体的問題に解を与える実質法（準拠法）を指定する役割のみであり，紛争解決に対し最終的な解を与えるわけではない。その意味で国際私法は「間接規範」と呼ばれる。ただし，当事者の別段の定めによる逸脱を認めない強行法規である。

サヴィニー型国際私法

　19世紀中頃，現代国際私法の創始者であるドイツのサヴィニーが提唱し，これはヨーロッパ諸国を中心に，日本を含む各国に影響を与えた。それまでは，特定の法規の適用範囲を考える法規分類説が支配的だった。

　これに対し，サヴィニーは国を越えて各市民社会に根差した私法がありこれは相互に適用可能であるという考えを基本に，特定の法律関係と最も密接な関係のある地の法を選択するという手法を採る。法選択を行う場合には実質法の内容を

参照しないで選択を行うことを求める。すなわち，その内容が何であるか，適用の結果を見ずに適用すべき法律を選択する，"暗闇にとび込む"ことになる。「暗闇への跳躍」という言葉は，サヴィニー型国際私法の真骨頂といえる。「暗闇への跳躍」による適用の結果の不都合は公序条項（たとえば通則法42条参照）により調整されることになる。このサヴィニー型国際私法が現代の国際私法の考え方の基本となっている。

準拠法の決定・適用は以下の4つのプロセスからなる。

> 1　法律関係の法性決定
> 　　　⬇
> 2　連結点の確定
> 　　　⬇
> 3　準拠法の特定
> 　　　⬇
> 4　準拠法の適用

イメージを得やすいようにたとえば相続を例にとると，「相続は，被相続人の本国法による」（通則法36条）と定められている。この場合，「相続」が単位法律関係，「被相続人の本国」（＝国籍の所属国）が連結点，「被相続人の本国法」が準拠法となる。

以下，それぞれの段階ごとに見てみよう。

2　法律関係の法性決定（第1段階）

国際私法規定は，たとえば契約や相続等，ひとかたまりの法律関係を単位として準拠法を指定している（このような，準拠法を決定する単位となる法律関係を「単位法律関係」という）。

そこで，第一段階として，その事件で問題となっている法律関係がいかなる単位法律関係に該当するかを決定する必要がある。これを「法律関係の法性決定」という。法性決定によって個々の単位法律関係が決まれば，その選択法規

（たとえば相続法規）がカバーすべき適用範囲（たとえば相続関係）が画定されることになる。

(1) 法性決定の基準は

　かつては，準拠法として選択されるべき実質法，あるいは法廷地の実質法による概念によって法性を決定すべきとする見解もあった。しかし，法性決定は国際私法における概念の解釈問題であり，法廷地の国際私法が独自に行うべきであるとする国際私法独自説が通説である。この説は，法体系の中で国際私法は各国実質法の上位のレベルにあり，国際私法上の単位法律関係は，どの国の実質法にも対応できる概念として構成されなければならないとする。決定にあたっては，①各条文の規定する単位法律関係の本質的性質や各条文の制度趣旨，②単位法律関係の相互関係・役割等を考慮する。国際私法の規定が欠缺していると考える場合には条理によることになる。

　といっても法性決定は簡単ではない。我が国で法性決定が問題となった裁判例としては，たとえば以下のようなものがある。債権質は物権の問題か客体である債権自体の問題か，不法行為に基づく損害賠償債務の相続は不法行為の問題か相続の問題か，共同相続人の一部が相続財産を第三者に処分した場合の相続人の処分権の有無は相続の問題か物権の問題か，離婚に至るまでの個々の行為を原因とする慰謝料請求は不法行為の問題か離婚の問題かなどである。

(2) 先決問題

　ある紛争において直接に争点となっている法的問題（本問題）の準拠法を当該事案に適用するにあたって，前提として解決されていなければならない法的問題を先決問題という。たとえば，不法行為が成立するか否かの前提として，権利の侵害があったか否かを決定するために「権利」として有効に成立していたか否かが問題となる。不法行為の成立に関する問題を「本問題」とすれば，本問題の解決のための前提となる「権利」の成否の問題は「先決問題」である。

　先決問題の準拠法の考え方については以下のように諸説がある。先決問題は

本問題の準拠法の適用のプロセスで問題となるのであるから，先決問題は本問題の準拠法（実質法）で処理すべきとする（本問題準拠法説）。これを進化させた説で，「権利」の存否はその国の自国法が直ちに適用されるのではないとの批判から，その国の国際私法によって準拠法が指定され，これによって決せられるとして，先決問題は本問題の準拠法所属国の国際私法によるとする（従属連結説）。法廷地の国際私法上，先決問題が本問題とは異なる単位法律関係に含まれるとすれば，その単位法律関係に適用される準拠法によるべきとする見解がある（法廷地の国際私法説）。最後の見解は先決問題という問題自体を否定する。最高裁判決もこれに従ったものとみられるものがある。

(3) 適応問題

　国際私法が単位法律関係ごとに準拠法を定めるという構造になっているため，単位法律関係ごとに指定された準拠法の間に矛盾が生ずることがある。その矛盾をいかに調整するかという問題を適応問題と呼ぶ。たとえば，親権の準拠法と未成年後見の準拠法とが矛盾する場合や契約責任と不法行為責任が競合する場合などである。

　適応問題が生じるのは，選択の段階では，準拠法（実質的）の内容をみないという国際私法の構造上やむをえない（サヴィニー型国際私法の「暗闇への跳躍」）。そのため準拠法の解釈で柔軟に対応する必要がある。また，手続に関して適応問題が生じた場合には，手続は実体法に従って作られたものであることから，できるだけ実体法の趣旨に沿うよう手続を柔軟に行う必要がある。

(4) 送致範囲

　法性決定をし準拠法指定がなされた後に，その単位法律関係に適用されるのは，準拠法所属国のどの範囲の実質法かという問題が生じる。これが送致範囲の問題である。その範囲は任意法規，強行法規を含む法律の束とされ，当該単位法律関係に含めた問題について実質法上の解を与えるに必要な範囲で適用される（48頁参照）。

3 連結点の確定（第2段階）

(1) 「連結点」とは

　国際私法規定は，各種の単位法律関係を基準にして準拠法を決定するが，この準拠法の決定は，単位法律関係を構成する当事者の国籍，目的物の所在地，行為地等の要素のうちのいずれかを媒介にしてなされる。この連結する要素を「連結点」という。前述（24頁）の例でいえば，相続が単位法律関係とすれば，被相続人の国籍が連結点である。そこで，次の段階として，単位法律関係と準拠法を結びつけるこの「連結点」を確定することが必要になる。

　なお，複数の連結点により準拠法が決定される場合がある。たとえば，「累積的連結（重畳的連結）」（一つの単位法律関係につき複数の連結点を用意し，それぞれ指定される準拠法のどの適用によっても法律関係が肯定される必要がある〔たとえば通則法22条1項では，結果発生地法と日本法との累積的連結（適用）〕），「選択的連結」（一つの単位法律関係につき複数の連結点を用意し，それぞれ指定される準拠法のいずれかの適用により法律関係が肯定されれば足りる〔たとえば同法10条1項・2項では，法律行為の成立の準拠法と行為地法との選択的連結（適用）〕），「配分的連結」（一つの法律関係を部分に分け各部分ごとに連結点を定めて準拠法を定める〔たとえば同法24条〕），「段階的連結」（複数の連結点の一致を要件とし，それが具備されない場合に備えて，次順位以下の連結を用意する〔たとえば同法25条〕）などがそれである。

(2) 法律回避

　当事者が自己に有利な準拠法を選択するために，作為的に連結点を変更することを法律回避（法律詐欺ということもある）と呼ぶ。たとえば，当初の準拠法では離婚が認められない場合に，国籍を変更して離婚の認められる準拠法に変更するというような場合があげられる。このような法律回避は有効か。

　ドイツ，英米，そして我が国の通説は法律回避を無効としないとする立場を

とっている。連結点の有効性を当事者の主観で左右することは法的安定性を欠くからである。これに対し，フランス，ベルギー，スペインなどは法律回避を無効とし，本来の連結点による準拠法を適用すべきとする。

4　準拠法の特定（第3段階）

通常は第2段階で連結点が確定されれば準拠法が自動的に特定される。しかし，例外的に，準拠法所属国とされた国の国際私法を考慮する必要がある場合（反致）や，準拠法所属国がアメリカ合衆国のように州によって法律が異なる国である場合（不統一国法の指定）等には，さらに準拠法の特定という，もう一段階の処理が必要となる。

通則法38条は本国法につき以下のように規定する。

> 1　当事者が二以上の国籍を有する場合には，その国籍を有する国のうちに当事者が常居所を有する国があるときはその国の法を，その国籍を有する国のうちに当事者が常居所を有する国がないときは当事者に最も密接な関係がある国の法を当事者の本国法とする。ただし，その国籍のうちのいずれかが日本の国籍であるときは，日本法を当事者の本国法とする。
> 2　当事者の本国法によるべき場合において，当事者が国籍を有しないときは，その常居所地法による。ただし，第25条（第26条第1項及び第27条において準用する場合を含む。）及び第32条の規定の適用については，この限りでない。
> 3　当事者が地域により法を異にする国の国籍を有する場合には，その国の規則に従い指定される法（そのような規則がない場合にあっては，当事者に最も密接な関係がある地域の法）を当事者の本国法とする。

(1) 不統一国法の指定

　上記のように同一国内に内容の異なる複数の法秩序が併存している国家を「不統一法国」と呼ぶ。地域的に不統一である国を「地域的不統一法国」、宗教ごとに法律が異なるなど人ごとに法律が異なる国を「人的不統一法国」という。

　本国法としてアメリカ合衆国のような地域的不統一法国が指定された場合には、「アメリカ合衆国法に準拠する」では足りず、通則法38条3項に従って適用すべき法を検討することになる。すなわち、本国法を指定する国際私法が適用される事案においては、国籍を有する国を特定しただけでは場所の特定は国レベルにとどまり、その国が地域的不統一法国の場合には、その中の法域（たとえば州法）まで特定されないので、本国法の特定ができない。

　通則法38条3項では「当事者が地域により法を異にする国の国籍を有する場合には、その国の規則に従い指定される法」を本国法とすると規定している。このように本国内のいずれの法を適用するかは、本国の規則に従って定めるとする指定方法を「間接指定」と呼ぶ。これに対し、通則法38条3項括弧書きでは「そのような規則がない場合にあっては、当事者に最も密接な関係がある地域の法」を本国法とすると規定している。このように法廷地国際私法により一定の地域を直接指定する方法を「直接指定」と呼ぶ。

　通則法38条3項の「その国の規則」とは何を指すか。通説は準国際私法を指すとする。すなわち、地域的不統一法国の内部的な関係において、当事者がどの地域に属するかを決定する法のことである。アメリカであれば conflict of laws によって決定することになる（間接指定主義）。そのような規則のないときには、括弧書きによって、法廷地の国際私法の立場から最密接関係のある地域の法（つまり州法）によることになる。

(2) 反　致

　A国の国際私法によればB国法が準拠法になるが、B国の国際私法によればA国法が準拠法となる場合にA国でA国法を準拠法とする場合を反致（狭義の反致）という。反致は国際私法の世界的統一が実現していないために生じ

る。通則法41条は、「当事者の本国法によるべき場合において、その国の法に従えば日本法によるべきときは、日本法による」と規定しこの理を定めている。これは国際私法の不統一を克服しようとする試みである。

しかし、そのような準拠法の一致が得られるのは、通則法41条で、当該本国の国際私法が反致を定めていない場合に限られるなど限定的である。立法論としては批判も強いところである。たとえば通則法4条は人の行為能力についてはその本国法による旨定めており、同条の適用にあたっては通則法41条の反致が成立するか否かをチェックしなければならない。

5　準拠法の適用（第4段階）

最後の段階として準拠法が適用される。外国法が準拠法として適用される場合には、その内容の確定、内容が不明の場合の処理、さらには外国法の適用の結果が国内の公序良俗に反する場合の処理（通則法42条参照）などが問題となる。すなわち通則法42条は、「外国法によるべき場合において、その規定の適用が公の秩序又は善良の風俗に反するときは、これを適用しない。」と規定する。

通則法42条は準拠外国法を具体的事案に適用した結果が内国の基本的な法秩序や法理念に反するときに、その適用を排除するものである。サヴィニーの「暗闇への跳躍」から生じる著しく不当な結果を回避するものである。内国関連性が小さいほど、適用結果の異常性が大きくても公序違反とはならず、他方、適用結果の異常性が小さいほど、内国関連性が大きくても公序違反とはならないとされる。

(1)　未承認国法の適用

日本政府によって承認されていない国の法律を準拠法として適用することができるか。裁判例は、法秩序としての実効性がある法、すなわち一定の国民と領土を有する権力の法であれば適用できるとする。通説も肯定説をとっている。

日中国交回復以前の中華人民共和国法，その後の中華民国法，朝鮮民主主義人民共和国法は，準拠法となりうるとするのが裁判例の大勢である。

アメリカの抵触法

サヴィニーの理論は，法律関係と最も（地理的な意味での）密接な関係のある地の法を探求するものであり，「暗闇への跳躍」を行うものであった。これに対し，アメリカ合衆国では1950年代以降20〜30年間にいわゆる「抵触法革命」がおこった。これは，関係する各州の実質法の"中身を比較検討"しアドホックで（事案限りで）抵触問題を処理するものである。この見解を進めるレフラー（Leflar）の「より良い法（better law）の理論」は最も妥当な中身の実質法を選択するものであり，カリー（Currie）の「統治利益（governmental interest）の理論」は関係する州が当該事件に自州法を適用する統治利益を有するか否かを判断の基準とする。「統治利益の理論」は，特に不法行為事件で有効に機能した。この関連で，著名なバブコック事件（Babcock v. Jackson, 12 N.Y.2d 473 (1963)）は，カナダのオンタリオ州で発生した自動車事故における好意同乗者（ニューヨーク州民）の運転者（ニューヨーク州民）に対する損害賠償請求事件であった。ニューヨーク州控訴裁判所は，ニューヨーク州法を適用した。オンタリオ州は偶然の事故地に過ぎないので統治利益を欠くとして，その guest statute は適用されなかった。しかし，抵触法革命がアメリカ合衆国から世界へ拡大とまではいかなかった。

EU の国際私法

1980年6月，当時の EEC 加盟国は，「契約債務の準拠法に関する国際協定」（ローマ条約）を締結した。その後2008年6月，「契約債務の準拠法に関する規則」（ローマⅠ規則）はこの条約に代わるものとして制定された。

ローマⅠ規則は当事者による準拠法の選択を定めるが（規則3条），さらに「合意によって排除することができない規定」（相対的強行法規）を定めた（3条3項・4項，6条2項，8条1項参照）。他方で，ローマ条約で使用された強行

> 規定（mandatory rules）の表現はローマⅠ規則では用いられていない。規則9条1項で絶対的強行法規の定義が新設され，準拠法の如何にかかわらず適用されるべき法であることが明文化された。
> 　ローマⅠ規則は，個々の契約類型ごとに規定を定めている。たとえば，商品（動産）の売買契約については，売主の常居所地法（4条1項a号），また，サービス提供にかかる契約については，提供者の常居所地法とする（同項b号）。規則4条1項は，その他の契約についても定めているが，そのいずれにも該当しないか，複数の類型に該当する契約は，特徴的な給付を行う者の常居所地国法が準拠法となる（4条2項）。なお，4条1項・2項が指定する国の法よりも，明らかにより密接に関係する国があるときは，その国の法による（同条3項）。さらに消費者契約につき6条，個別雇用契約につき8条が規定する。これらの規定は我が国通則法の制定に影響を与えた。

(2) 外国法の適用

裁判所は選択された「外国法」をどのように扱うべきか。

a) 外国法の主張・立証

まず，問題となってくるのは，準拠法が外国法となった場合の外国法の存在・内容については，当事者の主張・立証によるのか裁判所の職権調査によるのかという点である。これには，まず，外国法は「法」なのか「事実」なのかという概念的な争いがある。内国法と同じ「法」であるとすれば，裁判所の職権調査によるということになる。内国法と同様に考える立場である（通説）。外国法の内容の探知は裁判所の権限かつ責務となる。これに対し，「事実」とすれば，当事者の援用で初めて適用される（少数説）。

通説的な見解をとっても，平均的な裁判官にこのような調査を求めるのは酷であることは明白である。実際の法廷では，両当事者や代理人弁護士が，適用される外国実質法の原文，翻訳を提出し，さらに解釈に疑義があるような条文であれば判例やコンメンタール等を添えて，裁判所に外国法を理解させるよう努めるのが通常である。

b）外国法の不明

　裁判所は，当事者の協力を得て，外国法の内容を調査するが，「相当の努力」を尽くしても外国法の内容を明らかにできなかったという場合にどのような判断をなすべきか。これは国際民事訴訟法の問題であるが，厳しい説の対立がある。

　外国法が不明な場合には，事実の立証がない場合と同視し，当事者の請求を棄却すべきであるとする説が有力である（請求棄却説）。

　しかし，外国法の調査・適用を裁判所の職務であると考えるのであれば，これは不当な裁判拒否となるので妥当ではないとの批判が妥当する。外国法が不明の場合には，外国法を諦め内国法を適用すべきであるとする見解がある（内国法適用説）。諸外国の立法例の中にもこのような立場を定めるものが多いが，この考え方は内外法平等を前提とする国際私法の精神に反すると批判される。

　外国法の不明の場合を法の欠缺の場合と同視し，条理によってこれを補充すべきとする見解もある（条理説）。これは従来の多数説であるが，条理を適用するというのでは具体的客観的判断基準が不明確であり，結局恣意的判断に流れ，内国法を適用するに等しいと批判される。

　その他，本来の準拠法にもっとも近似している国の法秩序を探求して，その国の法律を適用するという立場（最近似法適用説），準拠法とされた外国法の内容が不明であるときには，その外国法を準拠法として適用することを諦め，補充的準拠法として別の国の法律を採用することで問題を解決すべきだとする立場（補充的連結説）などがあるが，どの説も通説には至っていない。

c）外国法の適用違背と上告

　裁判所が外国法の適用を誤った場合，内国法の適用違背の場合と同じに，それを理由として上告できるか。外国法も高裁への上告理由や上告受理事由である「法令」（民訴法312条3項，318条1項等）にあたるかが問題となる。

　この点，外国法の適用を誤ったという場合でも，たとえば本来A国法を適用すべき場合にB国法を適用したという場合は，内国法たる国際私法の適用違背

であるから上告できることについて異論はない。ここで問題となるのは，準拠法とされたA国法の解釈を誤って適用がなされた場合である。

　諸外国にはこれを否定する立場も多い。上告審裁判所は内国法の解釈適用の統一を図ることを任務とするのであって，外国法の解釈適用の統一を図ることは任務としていないことを理由とする。しかし，我が国判例（最判昭和57年7月2日）・多数説はこれを肯定する。国際私法の下では内外法は平等とされるのであるし，外国法を適用すべき場面が多い今日では外国法の解釈適用を誤った下級審判決を放置すべきではなく，これを統一すべきであるとする。

通則法のもとでの準拠法決定ルール

　通則法7～9条は，法律行為の成立・効力の準拠法につき規定する。主に財産的法律行為を対象としており，多くの身分法上の法律行為（婚姻や縁組など）や遺言には特別の規定（通則法24条以下）が用意されている。

1　準拠法指定がある場合（7条）

　通則法7条は「**法律行為の成立及び効力は，当事者が当該法律行為の当時に選択した地の法による。**」と規定する。

　通則法7条により，法律行為については当事者がその準拠法を指定することが認められている。このような考え方は各国で広く採用されており，「当事者自治の原則」と呼ばれている。当事者自治の原則の根拠としては，当事者の予測可能性の確保，私的自治の理念，当事者の意思以外の客観的要素で準拠法を決め難いことといった点が挙げられている。「法律行為」のうち，以下では「契約」を念頭に置いて論じる。

　「契約の成立」には，申込みおよび承諾の意思表示に錯誤・詐欺などの瑕疵がないか，いかなる意思表示や行為がそれぞれ申込みや承諾となるか，意思表示が効力を発生するのは発信時か到達時かなどの問題が含まれる。

　「契約の効力」は，契約当事者の権利義務，債務不履行の場合の効果，同時履行の抗弁権，危険負担，不可抗力，利息および違約金，契約内容の確定，取り決めた内容が法律上許されることか否か（準拠法上の強行法規に反しないか

否か）などの問題である。

なお，契約の方式については通則法10条による。

(1) 実質法的指定

国際私法レベルにおける準拠法の指定を「抵触法的指定」，実質法レベルにおいて特定の法域の規律を契約当事者間の権利義務の内容として一括して取り込むことを「実質法的指定」ということがある。たとえばある契約条項に「本契約における当事者間の権利義務の内容はA国法による」とある場合，それを単に抵触法的指定として準拠法をA国法とする趣旨であったと解釈することも，実質法的指定としてA国法の内容を契約当事者間の権利義務の内容として取り込む趣旨であったと解釈することも，いずれの解釈も不可能ではない。しかし実際には，当事者は前者の意思であったと解すべき場合が多いであろう。

当事者が特定の法域の現行法以外の規定を指定することは可能であろうか。具体的には，一定時点（たとえば契約締結当時）の準拠法の内容によるとの指定（たとえば「本契約締結時に効力のある甲国法を準拠法とする」との条項など。これを「凍結条項」や「化石化条項」ということがある）が考えられる。これを否定する見解が一般的である。

これを認めるとすでに失効している法律を裁判の準則として効力を認めなければならないこと，当事者自治の原則は，現に存在する国家法秩序のいずれによるかを決定するにあたって当事者の意思を連結点にするものにすぎず，当事者がその契約内容をいずれの国家法からも自由に決定してよいとするものではないことなどが根拠とされる。

このような指定は，実質法的指定としてのみ意味をもつと解される。これは現時点での準拠法上の強行法規に反しない限りで有効となる。

(2) 準拠法選択における黙示の意思

通則法は黙示の意思による準拠法の選択を認めるべきかについて明文で規定していない。黙示の指定を認めるべきか。これについては「法例」の時代から

肯定説と否定説があった。

通説・判例は肯定説をとっている。定期預金契約上の債権の準拠法について，明示の意思表示を認めることはできないものの，事案の諸要素を勘酌し，銀行の取引を行った支店の所在地法である日本法を黙示的に指定したものと解するべきとした判例がある。

黙示の選択でもよいが，当事者の「仮定的意思」の探求（仮に，当事者が準拠法選択を意識していたならば，ある地の法律を選択したであろうという意思の探求）は認められず，現実の意思に限られると解されている。

(3) 附合契約における準拠法指定

保険契約，預金契約，運送契約などの附合契約（約款）中の準拠法約款の効力はどう考えるべきか。

顧客は約款を包括的に受け入れるか否かの選択権しかない以上，準拠法指定の合意を擬制するのは虚構であるとして無効とする説もある。しかし，集団的取引の画一的処理の要請があること，準拠法約款で指定された法の適用が弱者に不利益になるとは限らないことなどから原則有効としつつ，極めて不公正な場合にのみ効力を否定すべきであろう。

(4) 分割指定

単一の契約から生じる法律関係について，これを2つ以上に分け，その部分ごとに異なる法を準拠法として指定すること（分割指定）は認められるか。たとえば，ある契約について，成立と効力を別の準拠法によると指定したり，効力の一部（たとえば損害賠償請求部分のみ）を別の準拠法によると指定したりすることは可能であろうか。

「準拠法単一の原則」があり，契約の成立と効力とで異なる法律を選択することはできないというのが従来の通説であった。成立と効力とは原因・結果の関係にあり密接に関連しているから同一の法によるべきである。また，単一の契約に複数の法を指定することを認めると，相互に関連する問題について異な

る準拠法が適用され，準拠法間の矛盾・抵触の発生が懸念される。

　これに対し，近時の多数説は分割指定を肯定する。当事者自治を拡大し，準拠法を指定する範囲についても当事者の意思を尊重して当事者が自由に決定することを認めるべきこと，また，複数の契約についてはそれぞれ異なる法を準拠法とすることが認められる以上，単一の契約についてそれを認めないとすると，たとえばある取引関係が全体として単一の契約であるか複数の契約の集合であるかを国際私法上決定する必要が生じるが，それは困難であることを理由とする。

　分割指定を認めることによって，当事者の合理的な期待を保護することができ，取引の安全も確保することができる。ただし，契約の一貫性が損なわれないよう，分割された準拠法間の矛盾・抵触を避けるために分割の限界を画すべきである。たとえば，代金の支払義務と目的物の引渡義務といった，相互的な権利義務関係を切り離しその別々の準拠法を選択することは困難であろう。

　なお，海上運送中の貨物を紛失した事案で保険会社に保険金の支払いを請求した事件において，保険が担保する危険の種類と実体的損害などの塡補責任の内容についてイギリスの法律及び慣習によることとしたものであり，それ以外の事項である航海（海上）事業の適法性についてまでイギリス法によることを定めたものではないとして，準拠法の分割を認めた判決がある（東京高判平成12年2月9日）。

(5)　当事者自治の制限としての強行法規

　各国の実質法上，労働法，消費者保護法，借地借家法，利息制限法などにより契約自由の原則が修正されるようになってきたことと同じ理由により，国際私法上の当事者自治の原則も制限されるようになってきている。

　通則法11条・12条は，後述のように，消費者契約・労働契約の準拠法決定についての特則を定めており，当事者自治は制限されている。任意法規と強行法規は，それを合意によって破ることができるかの違いである。これに対し，「絶対的強行法規」とは，準拠法の如何を問わず適用される強行法規をいう。

A国の実質法上の通常の強行法規は，A国法が準拠法とならなければ適用されないという意味で「相対的強行法規」と呼ばれる。

絶対的強行法規と相対的強行法規の相違については，さらに絶対的強行法規，消費者契約・労働契約の項を参照願いたい。

2 準拠法指定がない場合の準拠法決定（8条）

(1) 通則法8条1項の趣旨

通則法8条1項は以下のように規定する。

> 前条の規定による選択がないときは，法律行為の成立及び効力は，当該法律行為の当時において当該法律行為に最も密接な関係がある地の法による。

法例7条2項は，法律行為の準拠法に関する当事者の意思が明らかでない場合には，法律行為の行為地法による旨を規定していた。このような連結政策については立法論的な批判が強かった。

そこで，通則法は，当事者による準拠法選択がされていない場合には，法律行為の最密接関係地法を準拠法とすることとし（通則法8条1項），最密接関係地を推定する規定として，「特徴的給付の理論」を採用することとした（同条2項）。これは，法律行為に関する準拠法の決定について，客観的連結政策を導入するものである。ここで「前条の規定による選択がないとき」（同法8条1項）とは，明示の準拠法指定がある場合のみならず，黙示の指定があったと判断される場合をも含むことはもちろんである。

なお，消費者契約（通則法11条2項・5項）と労働契約（同法12条3項）には，経済的弱者保護の観点から特別規定が設けられているので本条の適用はない。

(2) 最密接関係地とは

最密接関係地（通則法8条1項）の決定にあたっては，いかなる要素を考慮

すべきかが問題となる。

　この点については解釈に委ねられることとなるが，最密接関係地という連結点の採用の趣旨が，上記のような法例の反省から連結政策の柔軟化にある点を重視するならば，準拠法が問題となっている法律行為に関するあらゆる要素を考慮の対象とすべきこととなる。そのような考え方を前提とすると，最密接関係地という連結点が客観的連結として位置づけられるとしても，当然のことながら当事者の主観的要素を客観的事情として考慮することは許される。

　具体的には，契約締結地，契約交渉地，契約当事者の国籍・設立準拠法国，住所地・営業所所在地，合意裁判管轄地，義務履行地，目的物の所在地，特定国の法概念に基づいた契約，その契約当事者間の過去の契約の準拠法などを総合的に考慮することになろう。

　なお，法律行為がなされた後に発生した事実等についても考慮できるかが問題だが，文理上，法律行為時の事情に限定している以上，否定的に解釈すべきである。

(3) 特徴的給付の理論とは

　通則法8条2項は以下のように規定する。

> 　前項の場合において，法律行為において特徴的な給付を当事者の一方のみが行うものであるときは，その給付を行う当事者の常居所地法（その当事者が当該法律行為に関係する事業所を有する場合にあっては当該事業所の所在地の法，その当事者が当該法律行為に関係する二以上の事業所で法を異にする地に所在するものを有する場合にあってはその主たる事業所の所在地の法）を当該法律行為に最も密接な関係がある地の法と推定する。

　「特徴的給付の理論」とは，契約の最密接関係地は商人が営業を営む地であるとする考察を基礎として，契約に特徴的な給付（通常は金銭債権の反対給付）をすべき者（売買契約では売主）が営業拠点を有している地を契約の最密

接関係地とする考え方である。これは前述のローマ条約・ローマⅠ規則の系譜によるものである。

　通則法8条2項は特徴的給付が観念できる法律行為について最密接関係地を推定する規定であり，特徴的給付が観念できるか否かは最終的には裁判所の判断に委ねられる。特徴的給付と観念できない場合には，この推定規定の適用はなく，また仮に適用されたとしても，より密接に関係する他の地の法律があれば，推定は覆されその密接関係地の法律が適用されることとなる。契約は多種多様であるため，詳細に契約を分類して列挙するという方法はとらず，また，最密接関係地法と「みなす」ではなく，「推定する」に止めている。

　具体的には，片務契約については，唯一の義務を負う者の給付が特徴的給付であれば，その者の常居所地や事業所の所在地が最密接関係地となる。双務契約については，一方当事者の給付が対価としての金銭給付にすぎない場合，金銭債権の反対給付が特徴的給付となり，その特徴的給付（物またはサービスの給付）を行う者の常居所地や事業所の所在地が最密接関係地となる。

　売買契約について言えば，金銭給付の反対給付たる物の引渡しが特徴的給付とされ，特徴的給付を行う者である売主の常居所地法や事業所所在地法が売買契約の最密接関係地法となる。その他，たとえば賃貸借契約（貸主側の給付），保険契約（保険者側の給付），運送契約（運送人側の給付），保証契約（保証人側の給付）があげられる。

　しかしたとえば，動産の売買契約であっても，契約の締結地や目的物の引渡地が最密接関係地である場合には，推定を覆してその地の法が準拠法とされるかもしれない。また，保証契約で，主債務の準拠法や債権者の常居所地法などが最密接関係地法と考えられる場合がありうる。なお，特徴的給付の理論に従うと多くの場合に事業者側の法になり，当事者間において力の差がある場合に不適切となるとの批判がある。

(4)　特徴的給付をなす当事者の「常居所地」「事業所の所在地」

　当事者が，法人・自然人を問わず，法律行為に関係する事業所を有する場合，

その事業所の所在地法を最密接関係地法と推定する（通則法8条2項括弧書）。

　法律行為が異なる法域に所在する複数の事業所と関係する場合について，いずれの事業所の所在地法によるべきか。当該法律行為により密接に関係する事業所の所在地法とすることも考えられるが連結点の確定基準として不明確であり，推定規定を設ける意義が減殺されると考えられたため，そのような考え方は採らず，主たる事業所の所在地法を最密接関係地法と推定するとした。また，法律行為が，その法人の事業と関係することは明らかであるが，いずれの事業所と関係するか不明確な場合も考えられるが，そのような場合も複数の事業所と関係するものと解し，主たる事業所の所在地法によるべきであろう。

(5)　常居所と住所

　通則法で「常居所」とは人が相当期間居住することが明らかな地をいう。意思的要素を除いた事実的概念であり，滞在期間や居住の経緯，親族の居住地などの事実関係を総合的に考慮して決する。居住目的などの主観的要素を考慮すべきかどうかについて争いがあるが，考慮しないとする見解が多数説である。常居所地が不明な場合には通則法39条によって居所地法が適用される。すなわち39条は「当事者の常居所地法によるべき場合において，その常居所が知れないときは，その居所地法による。」と規定する。

　「住所」概念については世界各国でさまざまな違いがある。英米法上の住所はdomicileと呼ばれる。我が国において，連結点としての常居所は，主として家族法分野で進展してきたが，通則法の制定により，常居所は財産法の分野の連結点としても導入され，通則法8条2項，11条，15条，19条，20条などの契約や不法行為等の規定においても広く用いられるようになった。財産法関係における常居所概念は，従来用いられていた家族法関係における常居所概念とは異なるのか議論はありえるが，同一法律中の概念は基本的に同内容と理解するべきであろう。

(6) OEM契約

　特徴的給付となるか否かで実務上議論されるものに OEM 契約がある。

　OEM 契約，すなわち Original Equipment Manufacturing Agreement には様々なパターンがあるが，通常，受託・製造者側が技術と製造施設をすでに有しており，製造委託側はこの製造者側に対し，製品の仕様や規格の指定はするが，特段に技術指導などは行わない。簡単にいえば，メーカーが納入先である委託者の注文により，委託者のブランドの製品を製造することである（たとえば，日立が白物家電の製造を中国メーカーに委託するなど）。このメーカーは，OEM 契約があっても類似の製品を自社のため又は他社のため製造販売することにつき拘束を受けない。

　これに対し，いわゆる製造下請けの場合には，委託者側が設計仕様書や技術援助を行うことが多く，製造者（下請業者）は類似の製品を自社や第三者のために製造販売することは許されない。

　このような OEM 契約の場合，製品の製造供給が特徴的給付とされ通則法8条2項が適用されれば，特徴的給付を行う者である受託・製造者の常居所地法が，OEM 契約の最密接関係地法と推定される。しかしながら，委託者のブランドで委託者の市場で流通させることが重要なのであるから，委託者の常居所地の法がより密接関係性があるとも考えられる。OEM 契約には種々の形態があり，より密接に関係する他の地の法があれば，当然同法8条2項の推定は覆され，その他の地の法が適用されることとなる。このような推定をはたらかせないためにも準拠法の明示の指定が重要となる。

(7) 不動産の特徴的給付の例外

　通則法8条3項は不動産を目的とする法律行為について，特徴的給付の理論によらないこととしている。不動産に関する契約が不動産の所在地と密接に関係すると考えられることや，不動産に関する物権関係が不動産の所在地の法による（通則法13条）ため，不動産を目的とする債権的法律行為についても平仄を合わせて同一の準拠法（つまり不動産所在地法）で規律することが適切であ

ると考えられたためである。

　ここに不動産を目的とする法律行為とは，不動産の売買契約のような不動産に関する物権を目的とする債権的法律行為のみならず，不動産賃借権のような不動産に関する債権の発生を目的とする債権的法律行為をも含むものである。

3　事後的な準拠法の指定・変更（9条）

(1)　通則法9条の趣旨

通則法9条は以下のように規定する。

> 　当事者は，法律行為の成立及び効力について適用すべき法を変更することができる。ただし，第三者の権利を害することとなるときは，その変更をその第三者に対抗することができない。

　通則法7条は法律行為時の準拠法選択を規定しており（「当該法律行為の当時に」とある），選定がない場合は同法8条1項により最密接関係地法が準拠法とされたことになるから，法律行為後の（はじめての）選択は同法9条による準拠法の変更と評価される。

　通則法9条の「当事者」は，ここで準拠法の変更の対象となっているものが法律行為であるため，当該法律行為の当初の当事者のみを指す。したがって，たとえば，単なる債権の譲受人は契約の当初の当事者ではないため，当初の契約の準拠法を変更することはできない。契約準拠法の変更ができるのはあくまで当初の契約当事者であるが，その変更が第三者たる債権譲受人を害するときは，これを同人に対抗できないことになる（通則法9条但書）。

　準拠法の事後的変更は法律行為の方式の有効性に影響を与えないか。法律行為の方式の有効性はそれが成立した時点において確定的に決定されていなければならない。したがって，事後的変更は法律行為の方式の有効性に影響を及ぼさない（通則法10条1項括弧書によれば，変更前の法によるとされる）。

(2) 変更の効果は遡及するか

　事後的な変更の効果は遡及するか否かにつき規定が置かれなかったので，この点は，当事者自治に委ねたものと理解される。遡及させるか否かについても，準拠法の変更の時点で当事者がこれを決定できることになる。通則法9条但書における変更を対抗しえない「第三者」とはいかなる範囲の者を指すか。たとえば，主債務の準拠法が変更される場合の保証人等がこれに当たると解される。ただし，その範囲を画する基準は必ずしも明らかではない。よって，第三者の権利を害する準拠法の事後的変更が行われた場合，変更の効果は相対的に考えることになり，当事者間では法律行為の準拠法は変更されたものとして扱い，当該第三者との関係でのみ変更の効果が生じないことになろう（相対的無効）。

(3) 裁判中の準拠法指定

　事後的な準拠法の指定にはどのような意味があるか。たとえば訴訟手続中に原告が特定の国の法律を準拠法とするとの意思を表明し，被告もまたその法律の適用を前提として反論した場合，これはどのような効果があるか。

　これを裁判上の合意として認める立場，訴訟手続中に明示の合意をすることは許されると解する立場は合意を正面から認めるものである。これに対し，準拠法の指定としては無視する立場，黙示意思の探求のひとつの要素として考慮する立場もあるが，この立場からも主張・立証の過程で黙示の合意があったとみられる場合が多いであろう。

4　法律行為の方式（10条）

(1) 通則法10条1項の趣旨

　通則法10条1項は以下のように規定する。

> 　法律行為の方式は，当該法律行為の成立について適用すべき法（当該法律行為の後に前条の規定による変更がされた場合にあっては，その変更前

の法）による。

　法律行為の方式とは，たとえば，ある法律行為をするにつき書面を要するか，書面の場合さらに捺印証書を要するか，遺言で証人の立会を要するか，不動産に関する物権的行為に登記を要するか等の問題である。

　法律行為の形式的成立要件である法律行為の方式について，法例8条1項は，その行為の効力を定める法律によることとしていた。しかし，法律行為の方式は法律行為の効力よりもむしろ成立により密接な関係を有すると考えられるので，通則法10条1項のように法律行為の成立の準拠法によることに変更された。

　通則法10条1項括弧書では，準拠法の事後的変更があっても当初の成立の準拠法によるとしている。法律行為の方式上の有効性はその行われた時点で確定的に決定されなければならない。契約の方式は契約の成立と密接な関係にあるからである。

　なお，何が法律行為の方式かは時として判断が難しい。最判昭和53年4月20日は，質権の設定を第三者に対抗するために確定日付のある証書による通知・承諾を要するかは，債権質の効力に関する要件であるから法例8条（通則法10条）にいう法律行為の方式にあたらないとした。これには学説上種々の議論がある。

(2)　選択的連結を定める2項

　通則法10条2項は，「前項の規定にかかわらず，行為地法に適合する方式は，有効とする。」として，行為地法との選択的連結を規定している。

　これは「場所は行為を支配する」との原則（法律行為の行為地の法律に規定する方式に従えば方式上有効とし，法律行為の成立を容易にさせ当事者の便宜を図る）が基礎にある。法律行為の成立の準拠法または行為地法のどちらかで方式上有効とされればよいことになり，この選択的連結を定める2項が10条の中核であるといえる。

(3) 隔地的法律行為への適用

　通則法10条3項・4項は，隔地的な法律行為における10条2項の行為地を特定するためのものであり，5項は2項から4項の例外を定めるものである。

　通則法10条3項は，「法を異にする地に在る者に対してされた意思表示については，前項の規定の適用にあたっては，その通知を発した地を行為地とみなす。」と規定し，単独行為について，意思表示の通知を発した地を行為地とみなしている。

　これは，「場所は行為を支配する」の原則からそのまま導かれるルールである。契約の取消し・解除，相殺などの意思表示の外部的形式については，発信者が現にいる地の法が定める方式に適合する意思表示をしていればよいことにし，方式の点がその行為をすることの障害とならないようにしたものである。

　通則法10条4項は，「法を異にする地に在る者の間で締結された契約の方式については，前2項の規定は，適用しない。この場合においては，第1項の規定にかかわらず，申込みの通知を発した地の法又は承諾の通知を発した地の法のいずれかに適合する契約の方式は，有効とする。」と規定する。

　申込みや承諾という単独行為の方式ではなく，契約の方式を対象とし，申込みの通知の発信地又は承諾の通知の発信地のいずれかに適合していれば方式上有効とする（選択的適用）。具体的にはどうなるのか。

　たとえば，日本のAが米国ニューヨーク州のBに1,000ドルでPCを売却する旨の口頭の合意をした。ニューヨークではアメリカ統一商法典§2-201により500ドル以上の動産の売買契約には署名のある書面によることを要求している（詐欺防止法：Statute of Fraud）。契約の方式については，本条項により，米国法で方式を満たしていなくても，日本法に基づき適法であれば方式としては有効である。

　通則法10条5項は，「前3項の規定は，動産又は不動産に関する物権及びその他の登記をすべき権利を設定し又は処分する法律行為の方式については，適用しない。」と規定する。

　この「物権及びその他の登記をすべき権利」という用語は，一般的には物権

と同じく対世的な効力を有する権利を指すと解され，賃借権や買戻権がその例として考えられている。10条2項から4項が直接適用されないため，この権利を設定または処分する法律行為は，専らその成立の準拠法によるべきことになる。これは債権行為とは別に物権行為（所有権移転行為など）を必要とする法が物権変動の準拠法（通則法13条2項）になる場合に意味がある。

5　絶対的強行法規（国際的強行法規）

[設問]　ローン契約（貸金1億円，年利30％）においてニューヨーク州法が準拠法として指定されている。借主が利息不払いのため，貸主は日本で借主を提訴した。日本の裁判所はどのような法規を適用することになるか。

日本の裁判所は，まず準拠法として指定されたニューヨーク州法及び合衆国連邦法（以下，ニューヨーク州法等という）（任意法規と強行法規の総体）を紛争に適用することになる（送致範囲の問題）。しかしながら，外国公法不適用原則により，ニューヨーク州法等の中の公法の適用はしない（20頁参照）。ただし，ニューヨーク州法等の公法に違反することでローン契約を無効にするという私法的法律効果を適用（考慮）することは可能である。他方，法廷地法である日本法中の一定の強行法規は，その政策目的（公益や国益）を実現する必要からその適用を強制される。これを図示したのが**図表1-1**である。

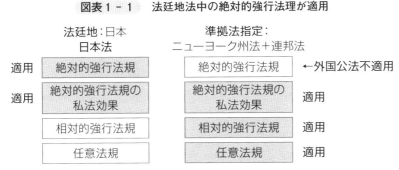

図表1-1　法廷地法中の絶対的強行法理が適用

□ は適用される法規を示す。

（石黒一憲『国際私法〔第2版〕』（新世社，2007年）60頁参照）

(1) 絶対的強行法規の意義

　強行法規は合意によって破られない法規である。また，契約準拠法の如何にかかわらず常に適用される「絶対的強行法規」（たとえば独占禁止法）に対し，契約準拠法でなければ通常適用されない強行法規を「相対的強行法規」（争いがあるが，たとえば我が国の利息制限法）という。絶対的強行法規は，私人間の権利義務関係に国家が介入するという法規という意味で，「介入規範」という言い方もする。

　「絶対的強行法規の私法効果」とは，たとえばある契約に絶対的強行法規を適用・考慮して，これに違反する当該契約を無効にする私法的法律効果をいう。これは，法廷地（設問では日本），準拠法所属国（設問ではアメリカ合衆国ニューヨーク州），さらには第三国のそれを適用・考慮することになるということである。

(2) 強行法規の特別連結

　「強行法規の特別連結の理論」とは，当事者により指定された本来の準拠法とともに，これとは別の国（法廷地法や第三国法）の法律中の一定の強行法規を，事案との関連性やその強行法規の性質を考慮して特別に適用することを認める理論である。

これに対し，絶対的強行法規の特別連結とは，ある法規が，国際私法によって指定される準拠法が何かにかかわらず，一定の地理的範囲に生じた一定の事案に適用されるべき法規（絶対的強行法規）として立法された場合には，その立法趣旨から，国際私法を介さない直接適用（特別連結）を認めることをいう。

(3) ローマⅠ規則9条の絶対的強行法規

EU契約債務の準拠法に関する規則（ローマⅠ規則）の9条に絶対的強行法規に関する規定がある。日本でもその理は認められるものの，通則法には明文で盛り込まれることはなかった。

> **9条　絶対的強行法規**（overriding mandatory provisions）
> 1　絶対的強行法規は，政治的・社会的・経済的制度などの公的利益を保護するために遵守が極めて重要であると国家が考えるものであり，本規則にしたがって適用されるべき法の如何にかかわらず，その適用範囲に入る全ての事案に適用されるべき規定である。
> 2　法廷地の絶対的強行法規の適用は，本規則によって制限されない。
> 3　契約上の債務が履行されるべき国又は履行された国の絶対的強行法規には，それが履行を不法とする限りにおいて，効力を与えることができる。そのような規定に効力を与えるかどうかの判断に際しては，その性質及び目的，並びに，適用又は不適用の結果を考慮するものとする。

この規定における絶対的強行法規の意義（1項），その判断要素（3項）は，我が国において絶対的強行法規を考える上でも参考となる。

(4) 通則法と強行法規の適用

後述する通則法（11条，12条）で企図されているのは，法廷地法の強行法規の適用ではなく（法廷地と消費者の常居所地や労働者の労務提供地とは必ずしも一致しない），第三国法（第三国が消費者の常居所地や労働者の労務提供

であれば）の強行法規の適用をも含むものである。

このように通則法11条・12条は，一般的に「第三国法の強行法規の特別連結」を認めるものではなく，消費者・労働者という経済的弱者の保護のため必要な限度で，特定の一国（消費者の常居所地や労働者の労務提供地）の特定の強行法規（消費者保護法や労働基準法など）の適用のみを認めようとするものである。

また，たとえば法廷地法中の絶対的強行法規（の私法的法律効果）は，当事者の主張がなくても，（通則法11条や12条とは関係なく）当然に適用される。他方で，たとえば通則法11条の消費者保護法は，消費者の常居所地法中の強行法規等であれば，法廷地法でなくても，また絶対的強行法規でなくても，消費者等の主張があれば適用されるものであって，法廷地の絶対的強行法規の適用関係とも適用範囲や趣旨において相違している。

このように，絶対的強行法規の適用と11条・12条の適用とは別個のものであり，したがって，11条や12条とは別枠で，法廷地における絶対的強行法規の優先的な適用が与えられる。

(5) インターナショナル・エア・サービス事件

日本に事業所を有するカリフォルニア州法人Yとアメリカ人パイロットXとは，日本で労務を提供すべき旨の労働契約を米国で締結した。YによりXは日本の航空会社に派遣されその後解雇されたが，その解雇の真の理由は同人の労働組合結成準備行為であった。Xは，この解雇が組合活動を理由とする不利益取扱い（不当労働行為）であり，日本の労働組合法7条1号に違反し無効であるとして，東京地裁に地位保全の仮処分を申し立てた。

この事件の東京地決昭和40年4月26日は，本件労働契約の準拠法はアメリカ合衆国連邦法あるいは同国カリフォルニア州法であると認定したうえで，以下のように判断した。

この解雇の効力は，労務の給付地である我が国の労働法を適用して判断すべきであって，この点に関するかぎり法例7条（通則法7条）の適用は排除され

るものと解すべきである。すなわち,「法例7条の採用した準拠法選定自由の原則は属地的に限定された効力を有する公序としての労働法によって制約を受けるものと解するのを相当とする」と判示した。結局,本件解雇は労働組合法7条1号にうかがわれる公序に違反し無効であるとした。

その後の東京地判平成16年2月24日は,契約準拠法の如何にかかわらず「絶対的強行法規の性質を有する労働法規は適用されるべきである…」と述べて,上記の理を確認している。

6　物権・準物権準拠法（13条）

(1)　物権準拠法の意味

国際私法上注意すべきなのは,たとえば売買における債権的側面と物権的側面との区別である。所有権移転について適用されるべき準拠法を決定するにあたっては,所有権移転の原因関係である契約等の債権行為と,所有権移転という物権変動とを区別し,それぞれの法律関係について別個に準拠法を決定すべきである。

通則法13条は以下の通り規定する。

> 1　動産又は不動産に関する物権及びその他の登記をすべき権利は,その目的物の所在地法による。
> 2　前項の規定にかかわらず,同項に規定する権利の得喪は,その原因となる事実が完成した当時におけるその目的物の所在地法による。

所有権移転の原因行為である売買契約の成立および効力について適用されるべき準拠法は,法律行為の準拠法一般について規定する通則法7条による。これに対し,一般に物権の内容,効力,得喪の要件等は,目的物の所在地の法を準拠法とすべきものとされる（通則法13条）。その理由は,物権が物の直接的利用に関する権利であり,第三者に対する排他的効力を有することから,そのよ

うな権利関係については，目的物の所在地法を適用することがもっとも自然であり，権利の目的の実現および第三者の利益保護という要請にもっとも適合することにある。最高裁も，物権変動と目的物の所在地国との密接関連性を根拠としている。したがって，準拠法の指定をしても，それは物権準拠法の決定には関係しない。

このように，売買の物権的側面はその債権的側面から区別され，独立の連結単位として別個に，目的物の所在地法によらしめられている。

物権変動は通則法13条2項が規定するので，13条1項の規律の範囲は，物権等の得喪の問題以外の物権に関するあらゆる問題を含む。これには動産・不動産の別，主物・従物の関係，物権の種類・内容・効力などを含む。

(2) 「原因事実完成時」の所在地法

通則法13条2項は，所在地法の準拠時点を原因事実完成当時とする。これは物権的効果発生に必要なすべての条件の完成したときと解するのが通説である。

売買などの法律行為による物権変動であれば，これは意思表示や引渡しなどの行為時をいう。ただし，この物権行為の効力発生時期，さらに物権変動原因自体の如何は，本来，物権変動に関する準拠法が特定した後に初めて明確になるものである。そう考えるとトートロジーとなるかのようにみえる。そこで法13条2項の適用上の「完成当時」については，可能な限り国際私法独自の立場から決定されるべきであるとの見解が生じる。しかしながら，物権変動は各国の実質法により決定される問題であり，準拠法を選択する前に国際私法の立場からある時点を原因事実の完成時と決めることはできない。

したがって，所在地法上，物権変動が生じているか否かを判断し，物権変動が生じたならばその時点がここでいう原因事実完成時であると考えるべきである。なお，物権の「移転」は「得喪」に含まれる。

(3) 売買の債権的側面の準拠法と物権的側面の準拠法との関係

それでは，具体的事案で，契約準拠法（通則法7条）と物権変動の準拠法（同

法13条2項）が異なる場合，どのように考えればよいか。たとえば，我が国の民法によれば，所有権の移転は当事者の意思表示のみによって生じる（意思主義）。これに対し，ドイツ民法では，動産の引渡しがなければ所有権の移転は生じない（形式主義）。世界的に意思主義が主流であるが，すべてがそうであるとは考えるべきではない。

　ａ）　ドイツ所在の物件を日本法を契約準拠法として売買契約をする場合はどうなるか。契約準拠法（日本法）は意思主義を採っており，（債権契約の中に所有権移転の効果意思が含まれていて）物権的効果の発生要件が充足されているとしても，物権準拠法である所在地法（ドイツ法）によれば，形式主義を採るために，引渡しがない以上，未だ要件が完全に満足されていない。したがって，あらためて所在地法上の要件を満たさない限り，所有権の移転は生じることはない。引渡しを行い所有権を移転すべき債権のみが存在することになる。

　ｂ）　日本所在の物件をドイツ法を契約準拠法として売買契約をする場合はどうか。契約準拠法（ドイツ法）上は，引渡しがないため，物権的効果は発生しないが，その物権準拠法たる所在地法（日本法）上は，すでに完全な物権的効果の要件を具備しているかにみえる。しかしながら日本法（意思主義）によって直ちに物権的効果が生じるのは早計である。すなわち，ドイツ法を準拠法とする売買契約の意思表示に所有権移転の効果意思が含まれていると解しうべきときには，日本法上の所有権移転の要件を具備したものとして，物権的効果を認めてよい。しかしながら，形式主義をとるドイツ法を契約準拠法とする以上，売買契約を締結する場合は，通常，物権的効果意思を含んでいるとは考えにくいだろう。したがって，所有権は移転していないとされる場合が多いであろう。

　以上のように，物権変動に関する異なる実質法を有する地の法の適用が問題となる場合には特に注意を要する。

7　担保物権の準拠法

約定担保物権（質権，抵当権など）と法定担保物権（留置権，先取特権など）とに分かれる。英米法では，mortgage, hypotheca, lien, pledge などさまざまな種類の担保物権（担保権の一般用語としては security, collateral, charge〔ただし狭義・広義がある〕，encumbrance が用いられる）があり日本法のそれとまったく同じものはない（mortgage は抵当権とほぼ同じと言える程度である）。被担保債権の成立は当該債権の準拠法（通則法7条など）による。また，担保権実行の手続は「手続は法廷地法による」との原則から法廷地法によることになる。

約定担保物権の成立・効力は通則法13条（目的物所在地法）によることは争いがない。法定担保物権については争いがある。成立については被担保債権の準拠法と目的物所在地法（通則法13条）の累積適用によるが，その効力については目的物所在地法によるという見解がある。これに対し成立・効力とも目的物所在地法によるとする見解がある。後説は法定担保物権と約定担保物権とを区別しない立場である。この見解でも被担保債権の準拠法は検討されるが，それはあくまで被担保債権の成立の準拠法としての検討となる。

8　法定債権の準拠法

法定債権の準拠法について若干だけ論じておく。

(1)　事務管理・不当利得の準拠法

（事務管理及び不当利得）
第14条　事務管理又は不当利得によって生ずる債権の成立及び効力は，その原因となる事実が発生した地の法による。

(明らかにより密接な関係がある地がある場合の例外)
第15条 前条の規定にかかわらず，事務管理又は不当利得によって生ずる債権の成立及び効力は，その原因となる事実が発生した当時において当事者が法を同じくする地に常居所を有していたこと，当事者間の契約に関連して事務管理が行われ又は不当利得が生じたことその他の事情に照らして，明らかに同条の規定により適用すべき法の属する地よりも密接な関係がある他の地があるときは，当該他の地の法による。

通則法14条は原則として準拠法は原因事実発生地の法としつつ，同法15条は原因事実発生地よりも明らかに密接な関係がある他の地があるときは，当該他の地の法によるとする。その際，密接関係地法として同一常居所地法または契約の準拠法をあげる。たとえば「当事者間の契約に関連して…不当利得が生じた」例としては，契約に基づいて給付が行われたが，当該契約が取消し又は解除されて遡及的に無効となった場合などが考えられる。

(当事者による準拠法の変更)
第16条 事務管理又は不当利得の当事者は，その原因となる事実が発生した後において，事務管理又は不当利得によって生ずる債権の成立及び効力について適用すべき法を変更することができる。ただし，第三者の権利を害することとなるときは，その変更をその第三者に対抗することができない。

当事者による準拠法の変更は事後的な変更に限るとする。これは不法行為準拠法（通則法21条）と同じ趣旨である（94頁参照）。

(2) 不法行為の準拠法

> （不法行為）
> **第17条** 不法行為によって生ずる債権の成立及び効力は，加害行為の結果が発生した地の法による。ただし，その地における結果の発生が通常予見することのできないものであったときは，加害行為が行われた地の法による。

　本条は，被害者保護を重視して原則として結果発生地法によるとする。結果発生地とは直接に侵害された客体や権利が侵害発生時に所在した地をいい，人身に対する傷害または死亡の場合には傷害時における当該人身の所在地である。特許権が侵害された場合，通常，特許権が登録されている地が結果発生地である。結果が意外な地で発生した場合，本条但書によって加害者の準拠法に関する予見可能性はある程度担保されることになる（なお，不法行為の国際裁判管轄に関する民事訴訟法3条の3第8号参照）。本条の結果発生地に二次的・派生的損害の発生地（たとえば交通事故で傷害が生じた後の入院費の発生）を含むかについては争いがある。

> （生産物責任の特例）
> **第18条** 前条の規定にかかわらず，生産物（生産され又は加工された物をいう。以下この条において同じ。）で引渡しがされたものの瑕疵により他人の生命，身体又は財産を侵害する不法行為によって生ずる生産業者（生産物を業として生産し，加工し，輸入し，輸出し，流通させ，又は販売した者をいう。以下この条において同じ。）又は生産物にその生産業者と認めることができる表示をした者（以下この条において「生産業者等」と総称する。）に対する債権の成立及び効力は，被害者が生産物の引渡しを受けた地の法による。ただし，その地における生産物の引渡しが通常予見することのできないものであったときは，生産業者等の主

> たる事業所の所在地の法(生産業者等が事業所を有しない場合にあっては,その常居所地法)による。

　生産物は転々流通することから,通則法17条により結果発生地法によるとすると,結果発生地が偶然であるため必ずしも妥当でないため同条の特則が規定された。同法18条は,生産物を流通に置いた地ではなく被害者が生産物の引渡しを受けた地を市場地と考え,原則としてこの地の法によることとした。そのうえで「その地における生産物の引渡しが通常予見することのできない」ときは,生産業者等の予見可能性を害することがないよう,「主たる事業所の所在地法」によるとした。

　なお,この生産業者等は,製造物責任法上の「製造業者」(同法2条3項1号)とは若干異なることに注意すべきである。

　生産物の引渡しを受けた者以外の者が被害者となる場合(たとえば生産物の購入者の同居家族),その被害者に通則法18条の適用があるかにつき争いがある(いわゆる「バイスタンダー」問題)。原則として否定すべきであり,これは同法17条で解決すべきである。

> (名誉又は信用の毀損の特例)
> **第19条**　第17条の規定にかかわらず,他人の名誉又は信用を毀損する不法行為によって生ずる債権の成立及び効力は,被害者の常居所地法(被害者が法人その他の社団又は財団である場合にあっては,その主たる事業所の所在地の法)による。

　取引関係で問題となるのは主として信用毀損である。名誉・信用を毀損する情報は多くの法域において頒布され,各地で名誉・信用毀損の結果が発生しうるので(拡散的不法行為),結果発生地を連結点とすると紛争解決が困難になる。被害者の常居所において最も重大な損害が発生することが多いこと,加害者にとっても,通常,被害者の常居所は知り得るので予見可能性があることか

ら，被害者の常居所地法という単一の準拠法によるものとした。

なお，パブリシティ権等が本条の対象となるかは争いがある。

(明らかにより密接な関係がある地がある場合の例外)

第20条 前3条の規定にかかわらず，不法行為によって生ずる債権の成立及び効力は，不法行為の当時において当事者が法を同じくする地に常居所を有していたこと，当事者間の契約に基づく義務に違反して不法行為が行われたことその他の事情に照らして，明らかに前3条の規定により適用すべき法の属する地よりも密接な関係がある他の地があるときは，当該他の地の法による。

通則法20条は「例外条項」と呼ばれ，本条は，15条と同趣旨である。本条は，17条だけでなく，18条・19条の場合についても適用されることに注意が必要である。

(当事者による準拠法の変更)

第21条 不法行為の当事者は，不法行為の後において，不法行為によって生ずる債権の成立及び効力について適用すべき法を変更することができる。ただし，第三者の権利を害することとなるときは，その変更をその第三者に対抗することができない。

主として不法行為後に示談として合意に至った場合に準拠法指定の際に問題となる。後述の「和解契約」の項（94頁）を参照のこと。また，本条但書の第三者に対する効力については通則法9条の解説を参照のこと。

(不法行為についての公序による制限)

第22条 不法行為について外国法によるべき場合において，当該外国法を適用すべき事実が日本法によれば不法とならないときは，当該外国法に

> 基づく損害賠償その他の処分の請求は，することができない。
> 2　不法行為について外国法によるべき場合において，当該外国法を適用すべき事実が当該外国法及び日本法により不法となるときであっても，被害者は，日本法により認められる損害賠償その他の処分でなければ請求することができない。

　不法行為についての公序による制限を規定する（「特別留保条項」と呼ばれる）。日本法を行為規範として行為していれば，少なくとも日本においては，不法行為責任を問われることはないという予見可能性を確保することにある。本条と同旨の規定は法例の時代からあったが，これに対しては内外国法平等の原則に反するとの批判があった。しかしながら，通則法にも同じ規定が定められた。

(3)　契約準拠法と不法行為準拠法の競合場面

　運送人の過失によって運送中の貨物が損傷したというような場合，これを運送契約違反の債務不履行の問題として契約準拠法に連結するか，あるいは不法行為の問題として不法行為準拠法に連結するか，実質法上の請求権競合問題に類似した問題が生じる。それぞれを別個の請求ととらえ，被害者はそれぞれの準拠法に基づいていずれの請求をすることもできるとする説，もっぱら契約の問題と性質決定して，不法行為に基づく損害賠償の問題も含め，一括して契約準拠法によるべきとする説などがあった。

　このような場面において，通則法20条は当事者間の契約への附従連結を認めている。すなわち，同法20条は，「前3条の規定にかかわらず，不法行為によって生ずる債権の成立及び効力は，…当事者間の契約に基づく義務に違反して不法行為が行われたことその他の事情に照らして，明らかに前3条の規定により適用すべき法の属する地よりも密接な関係がある他の地があるときは，当該他の地の法による。」と規定した。したがって，同法8条によるというか同法20条によるというかは別にして，いずれにせよ契約準拠法により判断される

ことになろう。

9 知的財産権の準拠法

(1) 知的財産権と属地主義の原則

　通則法は知的財産権に関する規定を特別に置いていない。したがってその準拠法は解釈によることになる。属地主義の原則とは，特許権についていえば，「各国の特許権が，その成立，移転，効力等につき当該国の法律によって定められ，特許権の効力が当該国の領域内においてのみ認められること」をいう（BBS事件：最判平成9年7月1日）。前段は抵触法について述べ，後段は実質法の及ぶ範囲について述べていると理解されている。つまり，それぞれの国での知的財産権の成立，効力，内容は当然に当該国内法に従い，また特許権等の効力は属地的にのみ効力を有するという理を示す。それぞれの国の知的財産権の成立は，当然に当該国法による。それぞれの国に成立した知的財産権の効力・内容は，当然に当該国法による。また，特許独立の原則（パリ条約4条の2）は，同一発明に対して，各国特許権が併存することがあっても，それらは相互に独立であることを示す。

(2) 特許権侵害の準拠法

　特許権の侵害による差止請求や損害賠償請求の準拠法をいかに考えるべきか。カードリーダー事件では，米国特許権を侵害したとされる製品の製造地が日本である場合に，この米国特許権の侵害に基づく訴訟を日本で提起できるかが争われた。事例を少し詳しく見てみよう。

> 　Xはカードリーダーにつき米国特許を有していたが，日本企業Yはこの特許に抵触する製品を日本で製造し米国に輸出しYの米国子会社Aにより米国で販売させていた。
> 　Xは，Aの行為は本件米国特許権を侵害するものであるところ，Yがそ

の製品を日本からアメリカ合衆国に輸出する等の行為が，米国特許法271条(b)項に規定する「特許権侵害を積極的に誘導する行為」に当たり，Yも本件米国特許権の侵害者として責任を負うと主張して，Yに対し，(1)Y製品をアメリカ合衆国に輸出する目的で我が国で製造すること，我が国で製造したY製品をアメリカ合衆国に輸出することおよびYの子会社Aその他に対しアメリカ合衆国においてY製品の販売をするよう我が国において誘導することの差止め，(2)Yが我が国において占有するY製品の廃棄，及び(3)不法行為による損害賠償を請求した。

　同事件の最判平成14年9月26日は，特許権に基づく差止め・廃棄の請求と不法行為による損害賠償請求とは異なる単位法律関係と位置づけ，それぞれ別個に準拠法の決定をしている。同判旨は以下の通りである。

　①　米国特許権に基づく差止めおよび廃棄請求についても，準拠法の決定は必要であり，特許権についての属地主義の原則があるからといって，これが不要になることはない。この差止めおよび廃棄請求は，「特許権の効力」と性質決定すべきであり，特許権の効力の準拠法は，法例等に規定がないゆえ条理に基づいて判断し，結局，当該特許権と最密接関連性のある登録国の法律（登録国法，すなわち米国法）と解する。しかしながら，米国特許法を適用して，「米国特許権の侵害を積極的に誘導する」（米国特許法271条(b)項）我が国内での行為の差止めまたは我が国内にある侵害品の廃棄を命ずることは，米国特許権の域外適用を実質的に認めるものであり，これは，我が国のとる属地主義の原則と反することになり，我が国の特許法秩序の基本理念と相容れず，法例33条（通則法42条）にいう「公ノ秩序」に反するとする。

　②　特許権侵害を理由とする損害賠償請求の準拠法は不法行為準拠法であり，法例11条1項（通則法17条）による。そして米国で販売される米国特許権の侵害品を我が国から米国に輸出した者に対する，「米国特許権の侵害を積極的に誘導したこと」を理由とする損害賠償請求について，同条項にいう原因事実発生地は，直接侵害行為が行われ侵害の結果が生じた米国である。よって，米国

特許法271条(b)項等により損害賠償責任が肯定される余地があるが，属地主義の原則をとり域外適用を認めない我が国の法制下では，米国特許権の侵害を積極的に誘導する行為を我が国（つまり米国特許権の効力が及ばない登録国外）で行ったことは違法といえず，法例11条2項（通則法22条1項）にいう「外国ニ於テ発生シタル事実カ日本ノ法律ニ依レハ不法ナラサルトキ」に当たるとする。

結論として，Xのいずれの請求も認めなかった。理論構成について異論はあるが，結論について賛成する見解が多数である。

(3) 著作権侵害の準拠法

文学的及び美術的著作物の保護に関するベルヌ条約は，5条2項3文で「したがって，保護の範囲及び著作者の権利を保全するため著作者に保障される救済の方法は，この条約の規定によるほか，専ら，保護が要求される同盟国の法令の定めるところによる。」と規定する。この条項を根拠に，著作権侵害に基づく差止請求の準拠法は保護国法によるとするのが裁判例・多数説である。

(4) 知的財産権の譲渡・ライセンスの準拠法

知的財産権の譲渡，ライセンスの準拠法はいかに考えるべきか。所有権取得を目的として売買契約を締結する場合，物権変動の原因たる債権行為と物権変動を目的とする物権行為とを区別し，前者は当該法律行為の準拠法，後者は物権変動の準拠法による（通説）。この考え方は，知的財産権を物権類似のものとみて（準物権），その譲渡契約やライセンス契約に適用される。準物権行為につき，その規律の範囲は，譲渡・ライセンスの可能性，譲渡の要件，実施（利用）許諾の要件，譲渡の第三者に対する対抗要件に及び，これは当該権利の付与国・登録国の法によることになる。

また，たとえば共同開発契約，フランチャイズ契約（商標等のライセンスを含む），キャラクター・マーチャンダイジング契約（著作権のライセンスを含む）などにおける準物権行為については，同じように保護国・登録国の法に従

うことになる。

　準拠法指定がある場合，それは債権準拠法として意味がある（通則法7条）。契約準拠法の指定がない場合，ライセンス契約に基づきライセンサーがライセンスを行うとき，特徴的給付として通則法8条2項が適用され，ライセンサーの常居所地法と推定される可能性が高い。

　また，知的財産権に関する契約については，全体として，公法としての独禁法の適用につき注意すべきである。

(5)　著作権譲渡契約等の準拠法

　著作権についてはベルヌ条約があるのでその適用を考える必要がある。著作権の譲渡契約やライセンス契約に関して，前述(4)を踏襲すれば原因となる債権行為は当事者による準拠法の指定が認められ（通則法7条），物権類似の支配関係は保護国法によると解される。ベルヌ条約5条3項は「著作物の本国における保護はその国の法令の定めるところによる。」と定め，後者を規律する。

　なお，著作権移転の原因行為である譲渡契約の成立および効力について適用されるべき準拠法は，法律行為の準拠法一般について規定する法例7条1項（通則法7条）によるとし，「我が国国内において効力を有する本件著作権を譲渡するというものであるから，同契約中で準拠法について明示の合意がされたことが明らかでない本件においては，我が国の法令を準拠法とする旨の黙示の合意が成立したものと推認するのが相当である」とする裁判例（東京高判平成13年5月30日）がある。

10　法人の準拠法

　契約の前文に当事会社の特定のため「…に登記簿上の主たる事務所を有し…法を準拠法として設立し運営されるX社」と規定することが多い。これにはどのような意味があるのか。

(1) 法人従属法とは

　まず,「法人従属法」をいかに決定すべきか。法人の従属法は,団体の法人格（法人の一般的権利能力）の有無を決定する基準たる法であるが,さらに法人の内部組織や権限等についても規律する法である。法人には多くの利害関係人が関与することから整合的な規律をする必要性があり,法人従属法（属人法）という単一の法によって規律される。通則法は,法人の従属法についての明文規定を設けておらず,これがいかなる法であるかは解釈に委ねられている。

　法人従属法については,従来から,設立準拠法主義と本拠地法主義との対立が存在した。設立準拠法主義は,法人はある国の法に準拠して設立され法人格を付与されたのであるから,設立後もその準拠法がその法人の一般的権利能力や内部関係の諸問題に適用されるべきであるとする。他方,本拠地法主義は,法人の活動にもっとも密接な関係を有する法はその法人の本拠地の法であり,その法人と取引関係に立つ第三者の保護の見地からも本拠地法をもって法人の属人法とすべきであるとする。我が国では設立準拠法説が通説である。冒頭の例でいえば,通説からは設立準拠法が法人従属法ということになる。

(2) 法人従属法の適用範囲

　次に,法人従属法が適用される事項と,他の準拠法選択ルール（たとえば契約準拠法や不法行為準拠法）が適用される事項との境界を画する作業が必要となる。すなわち法人従属法の射程範囲がどこまで及ぶかである。

　法人の従属法の適用範囲は法人の成立から消滅に至るまでであり,一般には,法人の設立から,法人の権利能力・行為能力,法人の内部組織（定款,法人の機関,法人と社員との関係（すなわち株式関係）,社員相互の関係など）,法人の解散・清算・消滅に至るまで,法人従属法によって規律される。

　こうした法人の内部関係の問題はひとつの単位法律関係として,単一の準拠法を適用するべきである。逆にいえば,法人の内部関係について法人従属法によるというルールは,統一的な利害調整が必要となる範囲に限定されるといってもよいかもしれない。

(3) 法人の権利能力・行為能力

　法人の権利能力の問題は法人従属法による。定款記載の目的外の行為について，権利能力が認められるかについて問題となる。この場合，法人従属法の適用を制限し通則法4条2項の類推適用により取引の安全を図る立場が有力である。

　行為能力の問題はどうか。事例で考えてみよう。X社は甲国法を設立準拠法としている。甲国法上，CEOは，融資契約につき取締役会の承認を得ることが必要とされ，これを得ない取引は無効とされている。X社のCEOのAは，この承認を得ずに，日本でY銀行から融資を受けた。この融資契約の効果がX社に帰属するか否かは何国法によって判断されるか。

　法人の行為能力の問題は法人の代表権（どのような者の行為が代表者と見られ，その行為が会社に効果帰属するか）の問題として議論されてきた。これは原則として法人従属法によるとし，ただし通則法4条2項を類推適用して行為地法によることを認める立場が有力である。この立場からは，法人従属法（例では甲国法）では代表権の範囲外であっても，行為地法（我が国会社法）によればその範囲内である場合には法人への効果帰属を認めることになる。たとえば行為地法である日本法が準拠法となる場合には，会社法349条（株式会社の代表），354条（表見代表取締役）などが送致範囲に入ることになる。

　これに対し，取引行為の準拠法によるとする見解，取引行為地の法によるとする見解などが説かれている。

(4) 法人の外部関係

　法人の外部関係（たとえば契約や不法行為）の準拠法と法人の従属法との適用関係はどうか。原則として，法人が行う契約自体の成立および効力については契約準拠法により，その前提として法人が内部的に果たすべき義務（取締役会決議など）については法人の従属法によるということになる。しかし，両者の境界線をどのように考えるかは難しい。

　役員の第三者に対する損害賠償責任は不法行為として性質決定され，通則法

17条以下により準拠法が決まる。日本法が準拠法となれば，会社法429条が送致範囲に入る。

　法人自身の不法行為として法人が責任を負うかについては，不法行為として性質決定され，やはり通則法17条以下により準拠法が決まる。日本法が準拠法となれば，会社法350条が送致範囲に入る。

11　通　貨

(1)　貨幣準拠法

　機械を代金300万米ドルで売却する契約を締結し，これを引き渡した。契約準拠法は日本法との合意があった。契約準拠法と貨幣準拠法（貨幣の所属国法）との関係をどう考えるべきか。

　金銭債権の内容や効力はその債権の準拠法によるが，その表示された債権額が債権の準拠法所属国と異なる国の貨幣で表示されている場合には，その貨幣の所属国法（貨幣の準拠法）を問題としなければならない。法定債権については当該債権の準拠法所属国の貨幣によるのが通常であるが，法律行為債権については，当該債権の準拠法の許容する限り，準拠法所属国以外の国の貨幣によることが認められる。

　他方で貨幣はそれを発行する国の法律によって規律されるものであるから，貨幣自体は常にその独自の準拠法をもつことになる。そして，この貨幣の準拠法となる貨幣法規は公法であるから，その本位制・通貨の単位などの問題は専らそれによって規律されることになる。したがって，貨幣価値が下落しても，貨幣が同一性を維持する限り，従来の貨幣による表示額の支払いをもって本来の履行とされる。

(2)　支払地の通貨で支払えるか

　それでは，この300万米ドルを円貨で支払えるか。すなわち，金銭債権の弁済に際して，債権額を表示している貨幣（「勘定通貨」ともいう）と支払地の

貨幣とが異なる場合において，元来，債務者は表示されている貨幣によって支払いをなす義務を負うものであるが，これに代えて支払地の貨幣でこれをなすこと（代用給付権）が許されるであろうか。

外貨で表示された金銭債権につき，履行地の為替相場によって内国通貨で弁済することは広く認められている（たとえば民法403条参照）。民法403条は抵触規定ではなく，日本法が準拠法となった場合に適用される実体法の規定である。同条は代用権を債務者に与え，換算時期は現実の支払時としている。同条に従えば，現実の支払時の換算率によって円貨を提供することで足りる。

弁済期限後に支払う場合，いつの時点の為替相場によって換算するべきか。民法403条の解釈として，外国金銭債権を日本の通貨で弁済する場合の換算率は，いつの時点の為替相場が適用されるか。具体的には履行期のものか現実に支払った時のものか。手形法41条および小切手法26条が，債務者の遅滞の場合に債権者に満期日の相場と支払日の相場の選択を認めているのと同様の解釈をして債権者に選択権を認める立場がある。しかしながら民法403条の解釈としては現実に支払った時の為替相場によればよいであろう（現実支払時説，多数説・最判昭和50年7月15日）。国際取引契約では債権者に履行期，支払時，裁判外の請求時（提訴時）の為替相場の選択を認める条項を置くことが多い。

12　消滅時効

時効は国によって制度が異なる。消滅時効の性質決定と公序則の適用が問題となる。

(1) 消滅時効の性質決定

まず，消滅時効の準拠法はどのように決定されるか。債権の消滅時効は，日本の実質法上は実体問題に属し，ニューヨーク州の実質法上は手続問題（訴権の消滅）に属するというように制度上異なっている。

英米のように訴訟法上の制度（出訴制限）として法廷地法に拠らしめる立場

（法廷地法説）は，債権準拠法上認められる権利を認めない結果となり，ひいては法廷地漁りを促すとの批判がある。実体法上の制度として契約準拠法に拠らしめるべきとする立場が我が国では通説である（債権準拠法説）。法性決定は国際私法の立場から独自に行い，債権の消滅時効は債権の消滅という実体にかかわり，債権の成立および効力と同じく，統一的に債権準拠法によるのが当事者の予測および取引の安定にかなう。

(2) 公序による制限

債権準拠法説による場合，契約準拠法の時効期間が法廷地の日本のそれより長いとき，法の適用はどのように考えるべきか。公序の適用（通則法42条）が問題となる。

時効はその性質が公益的規定に属し，時効期間の長短は公序に関するものとし，準拠法たる外国法の定める時効期間が内国法の認めるそれより長い場合には外国法によらず，内国法を適用すべきである見解がある。古い大判大正6年3月17日は，日本より長いハワイ州法の消滅時効の期間は公序に反するとした。

これに対し，債権準拠法の認める時効期間が極端に長い場合，あるいはまったく債権の消滅時効を認めない場合には，通則法42条の公序の適用が考えられるが，一般的に時効期間の長短により同条を適用すべきではないとする見解がある。下級審の判決には，ニューヨーク州法上の出訴期間（6年）の規定を適用することによって，直ちに我が国の市民法秩序が害されるものということはできないとして，この規定は公序に反しないとするものがある。後者の見解が妥当であろう。

契約類型ごとの検討

個別の契約類型ごとに特徴的な点につき論じていく。

1 動産売買契約（ウィーン売買条約とインコタームズ）

(1) ウィーン売買条約

a) 総　説

　1980年「国際物品売買契約に関する国連条約（United Nations Convention on Contracts for the International Sale of Goods, 以下「ウィーン売買条約」または「CISG」という）」が成立し，現在では国際物品売買でもっとも重要な統一私法となっている。2017年現在の締約国は米国，ロシア，中国，フランス，ドイツ，イタリア，メキシコ，アルゼンチン，オーストラリア，韓国など85カ国となっている。日本は2008年に加盟し，主要国で未加盟はイギリスだけである。

b) 適用範囲

　ウィーン売買条約第1条，95条は，適用範囲につき，以下のように規定している。

> **第1条**
> (1) 本条約は，その営業所が異なった国に存在する当事者間の物品売買契約について，次に掲げるいずれかの場合に適用する：
>   (a) 当事者の営業所の所在する国がいずれも締約国であるとき，または
>   (b) 国際私法の規則により締約国の法を適用すべきとき
> (2) 以下，略
>
> **第95条**
> 　いずれの国も，批准書，受諾書，承諾書又は加入書の寄託の際に，本条約第1条1項(b)号の規定に拘束されないことを宣言することができる。

　ウィーン売買条約の加盟国等の調べ方につき紹介する。United Nations Convention on Contracts for the International Sale of Goods（Vienna, 1980）の"Status"を見る。これは以下のサイトによる。

http://www.uncitral.org/uncitral/en/uncitral_texts/sale_goods/1980CISG_status.html

　加盟国一覧があり，そこに［加盟国名］，［注記］…［加盟日］という順で項目が記載されている。たとえば［注記］の(a)は12条・96条宣言をしている国，(b)は1条1項(b)に拘束されない95条宣言をしている国を示す。たとえば，日本は何らの制限がないが，アメリカは(b)の95条宣言をしており，ロシアは(a)12条・96条宣言をしていることがわかる。このように一覧で簡便に加盟状況を確認できる。

　具体的に，異法域に営業所を有するX社・Y社間の物品売買契約へのCISGの適用関係につき，まず分析してみよう。
① 　X社・Y社とも加盟国に営業所を有している場合，その間の物品売買契約にはウィーン売買条約の適用がある（1条1項(a)）。法廷地国の国際私法を通さず，条約が直接適用される。

② X社が加盟国Aに，Y社が非加盟国Bに営業所を有している場合，A国の国際私法の規定により加盟国Aの法が準拠法となるとき，ウィーン売買条約の適用がある（1条1項(b)）。逆に非加盟国Bの法が準拠法となるときは，B国法がそのまま準拠法となる。

③ X社が加盟国Cに，Y社が非加盟国Dに営業所を有している場合，C国の国際私法の規定により締約国Cの法が準拠法となるときウィーン売買条約が適用されるが，C国が95条による留保をしているとき，ウィーン売買条約の適用はない。C国法が適用される。C国裁判所はウィーン売買条約適用の義務を負わない。

この95条宣言は米国，中国，シンガポールなどが行っている。米国がこの留保をした理由であるが，締約国の米国と非締約国のD国との売買を例にとって考えると，国際私法がD国法を準拠法とするときはD国の内国法が適用されるのに対し，米国法を準拠法とすると1項(b)でウィーン売買条約が適用されてしまうという不均衡が生じることが理由である。

通常国際私法の適用により準拠法が決定される（1項(b)参照）のは準拠法の指定がある場合（通則法7条），準拠法の指定がない場合（同法8条）でもありえる。動産売買は売主にとって「特徴的給付」であるから売主の常居所地の法律が適用されることとなり（同法8条2項），したがってたとえば売主の常居所地が日本なら買主が非加盟国にあってもウィーン売買条約が適用されることになる。したがって準拠法の指定がなくても，ウィーン売買条約の適用可能性は生じる。

c) 任意規定性

この条約の定める実質規定はすべて任意規定であり，当事者はこの条約の規定の全部または一部の適用を排除し，もしくはその効果を変更することができる（CISG 6条）。すなわち，当事者は条約自体を明示的に排除することにより，本条約の適用を排除できる。この適用排除をオプト・アウト（Opt-out）という。

適用排除を求める場合は，売買契約において明示的にウィーン売買条約を排除する旨を規定しなければならない。売買契約書で，「本契約の準拠法は日本法とする」と定めても「ウィーン売買条約の適用を排除する」とさらに規定しない限り，日本法は準拠法とならず本条約の適用は排除されないことに注意すべきである。

d) 対象とならない法律関係

この条約は売買契約の成立（CISG 第 2 部）および売買契約から生じる売主と買主の権利義務（同第 3 部）のみを対象としている。また，契約またはその条項の有効性および目的物の所有権に対する契約の効力については規律しない（CISG 4 条）。したがって，対象外の契約の有効性（行為能力，意思表示の瑕疵，強行法規違反，代理など）については債権準拠法によることになる。ただし，有効性の概念・範囲が条約と各国実質法との間で齟齬がある場合がある（このときは条約が優先する（CISG 4 条柱書））ので，留意するべきである。他方，目的物の所有権移転等は物権準拠法（通則法13条参照）によることになる。契約の有効性につき若干付言すれば，契約書に「本契約の準拠法は日本法とする」と定め CISG の適用排除を規定しないときでも，契約の有効性については日本法が適用される余地がある。この点留意する必要がある。

e) その他の適用除外

個人的使用または家庭における使用を目的とする売買には，その目的につき売主が契約締結以前に善意無過失である場合を除き，条約は適用されない。また競売，強制競売ならびに株式・有価証券，船舶・航空機および電気の売買にも適用されない（CISG 2 条）。

f) 慣行や慣習の拘束力

ウィーン売買条約において，当事者は，合意した慣習および当事者間で確立した慣行に拘束される（CISG 9 条 1 項）。さらに，合意がなくても，業界など

で確立した慣習であれば，これを適用するとの黙示の合意があったとされる（同条2項）。ここでいう「慣習」には，インコタームズのような国際慣習も含まれる。したがって，ウィーン売買条約が適用される売買契約でインコタームズ2010を援用すれば，ウィーン売買条約6条や9条により，インコタームズが優先することになる。

　ウィーン売買条約9条1項は当事者間で確立した慣行に拘束力を認める。たとえば従来の取引で契約上の通知期間の徒過が繰り返し黙認されてきた場合，当事者間でその徒過に対する権利放棄の合意ありとみなされるリスクがある。これを回避するには，黙認しても権利放棄とはみなされないとの条項（no waiver 条項）が必要となる。

g）方　式

　ウィーン売買条約では売買契約の締結と立証には書面その他の特別の方式を必要としない（CISG11条，さらに12条，96条参照）。

(2) インコタームズ

　インコタームズ（INCOTERMS）とは，国際商業会議所（International Chamber of Commerce=ICC）によって1936年に作成された「貿易条件の解釈に関する国際規則」であり，International Commercial Terms の略称である。インコタームズの目的は，FOB 条件や CIF 条件等の貿易条件の意味や解釈が各国，時には各地で異なっていたため（たとえばアメリカでは貿易条件として「1941年改正米国貿易定義」が適用され，その中では6種類の FOB 条件が定義されている），これを統一し貿易取引の不確実性を除去することにあった。その後，数次の改訂を経て，最新のものは2010年に改訂された INCOTERMS 2010である。

　インコタームズは統一規則のひとつであり，当事者が契約の中で援用することによってはじめて契約の一部となり適用される。契約内で，「本契約における貿易条件は，INCOTERMS 2010による」というように記載される。インコ

タームズは数度にわたり改訂されているので，（特に改訂時期においては）どのバージョンかを特定することが好ましい。インコタームズは，売主の義務と買主の義務を定型取引条件ごとに規定している。インコタームズ2010による貿易条件ごとの費用と危険の移転時期については図表1-2を参照のこと。

図表1-2　インコタームズにおける各条件の費用と危険の移転時点

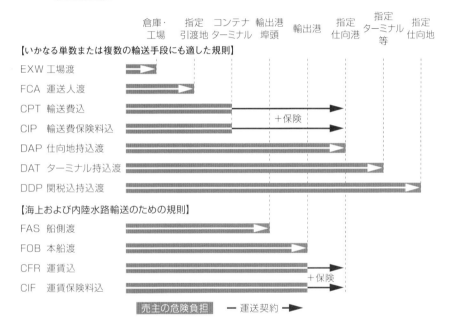

(3)　ウィーン売買条約とインコタームズとの関係

a)　両者の対象範囲

　ウィーン売買条約は売買契約の成立および売買契約から生じる売主と買主の権利義務のみを対象としている。他方インコタームズは売主・買主の義務を規定している。前述の通りウィーン売買条約はすべて任意規定なので（CISG6条），当事者間で別段の合意があれば，当該合意が優先する。したがって，基本契約書や個別の売買契約書で「本契約における貿易条件は，インコタームズ2010に準拠する。」などと規定すれば，多くの場面でウィーン売買条約は排除（変更）

されインコタームズによって解釈されることになる。

上述の通り、ウィーン売買条約とインコタームズの守備範囲は**図表1－3**のように異なるので、インコタームズによると規定していればウィーン売買条約を全面的に排除したことになるかといえば、答えは否である。

図表1－3　ウィーン売買条約（CISG）とインコタームズの対象範囲

	CISG	インコタームズ
契約成立の要件	○第4条	×
契約当事者の権利義務	○第4条	○
危険移転時期	○66条以下	○
契約違反における救済	○45条以下、61条以下	×
契約の有効性	×第4条	×
所有権移転時期と効果	×第4条	×

b）　特約条項があるとき

たとえば、ウィーン売買条約の適用がある事案で、CIF条件を採用しつつ、「本製品の危険と所有権は、本製品が仕向港で買主による検査に合格したとき、売主から買主へ移転する」（以下「特約」という）と定めた場合この条項の解釈はどのようになるか。危険の移転と所有権の移転の両者が同一の条項に含まれているが、結論から言えば、両者は分けて検討するべきである。

危険負担（債権債務）の問題は債権準拠法による。ただし、前述の通り、ウィーン売買条約を明示的に排除していない限りウィーン売買条約が直接適用されることになる。ウィーン売買条約67条1項によれば運送人への引渡しにより買主に危険は移転する。しかし、合意されたCIF条件によって本船に貨物を置いた時点で危険は買主に移転することになる。CIF条件の合意でウィーン売買条約67条を排除していると考えられるからである（CISG 6条参照）。結果として危険の移転時期につき両者の結論にあまり変わりはない。ところが、さ

らに特約によれば，危険は検査合格時となっているので，これが優先適用されることになる。

　他方で物権変動にはウィーン売買条約の適用はない（CISG 4 条）。所有権の移転は物権準拠法の問題であり準拠法の指定（通則法 7 条）とは無関係である。通則法13条 2 項によれば，原因事実完成時（多くは，契約締結時）の目的物の所在地の国の物権準拠法によることになる。所在地が意思主義を採用する国であれば，文字通り原則として所有権は「本製品が仕向港で買主による検査に合格したとき」に買主に移転することになる（前述54頁の意思主義と形式主義の相違を参照）。

2　消費者契約

　消費者契約と労働契約は通則法で経済的弱者保護の観点から特別の規定が置かれた。まず，通則法11条は 1 項から 5 項で以下のように規定する。

> 1　消費者（個人（事業として又は事業のために契約の当事者となる場合におけるものを除く。）をいう。以下この条において同じ。）と事業者（法人その他の社団又は財団及び事業として又は事業のために契約の当事者となる場合における個人をいう。以下この条において同じ。）との間で締結される契約（労働契約を除く。以下この条において「消費者契約」という。）の成立及び効力について第 7 条又は第 9 条の規定による選択又は変更により適用すべき法が消費者の常居所地法以外の法である場合であっても，消費者がその常居所地法中の特定の強行規定を適用すべき旨の意思を事業者に対し表示したときは，当該消費者契約の成立及び効力に関しその強行規定の定める事項については，その強行規定をも適用する。
> 2　消費者契約の成立及び効力について第 7 条の規定による選択がないときは，第 8 条の規定にかかわらず，当該消費者契約の成立及び効力は，

消費者の常居所地法による。
3　消費者契約の成立について第7条の規定により消費者の常居所地法以外の法が選択された場合であっても，当該消費者契約の方式について消費者がその常居所地法中の特定の強行規定を適用すべき旨の意思を事業者に対し表示したときは，前条第1項，第2項及び第4項の規定にかかわらず，当該消費者契約の方式に関しその強行規定の定める事項については，専らその強行規定を適用する。
4　消費者契約の成立について第7条の規定により消費者の常居所地法が選択された場合において，当該消費者契約の方式について消費者が専らその常居所地法によるべき旨の意思を事業者に対し表示したときは，前条第2項及び第4項の規定にかかわらず，当該消費者契約の方式は，専ら消費者の常居所地法による。
5　消費者契約の成立について第7条の規定による選択がないときは，前条第1項，第2項及び第4項の規定にかかわらず，当該消費者契約の方式は，消費者の常居所地法による。

具体的な事例で考える。

米国デラウェア州法人でロサンゼルスに本社を有するY会社はアクセサリーの通販を業としている。Y社はそのホームページ（以下「HP」という）で商品の販売をしていたが，これを見た日本在住の日本人Xは，購入申込みをし，商品が届いた。HPにはクーリング・オフの記載があり，Xはクーリング・オフしたいと考えている。

設問(1)　HPに，成立した売買契約に関する準拠法はA国法とする旨記載されている場合と，準拠法の指定がない場合とでは，どのように異なるか。なお，A国ではクーリング・オフは認められていない。

設問(2)　Yは，商品の送り先として指定されたXの住所が「X商会」で

> あったため，Xは個人ではなく業者であると思っていた。この場合の準拠法はどうなるか。

(1) 準拠法選択がある場合
a) 法の趣旨
　消費者と事業者の間で契約が締結される場合，消費者が経済的に弱い立場にあることから，当事者に準拠法選択の自由を認めていたのでは，事業者があえて消費者保護に薄い実質法を選択して消費者がそのような準拠法に基づく契約を締結せざるをえない場合が生じる。これにより，各国の消費者保護政策の実現が阻害され，結果として十分な消費者保護を図ることができないこととなりかねない。

　そこで，消費者契約においても基本的には通則法7条の当事者自治の原則が妥当することを前提とし，そのうえで，事業者に有利な法選択がされた場合の弊害を除去するため，同法11条1項は，消費者契約につき，準拠法の指定があっても，消費者が常居所地法中の強行法規（これを便宜上，以下「消費者保護法」とする）の適用を主張する場合，この消費者保護法の適用をも認めるものである。

　契約準拠法いかんにかかわらず，一定の条件の下，消費者に対し常居所地法の強行規定が与えている保護を享受させるのがこの規定の趣旨である。したがって，当該消費者契約には，指定された契約準拠法に加えて，主張された消費者の常居所地法中の強行法規である消費者保護法が累積的（選択的）に適用されることになる。この消費者保護法には，我が国では消費者契約法，割賦販売法，特定商取引法などがあたるであろう。

b) 適用要件
　適用要件として，消費者側で，当該の強行法規（消費者保護法全部ではなく，その中の特定の規定）を特定して事業者に対し当該強行法規を適用すべき旨を

主張する必要がある。この主張は裁判上・裁判外とを問わない。この主張は特定の強行法規が準拠法となるという効果を発生させるための実体法上の意思表示である。訴訟外で意思表示をした場合，このような意思表示をしたという事実については，事実問題として，当事者の主張・立証を要することになる。これは，実際の訴訟において契約準拠法と消費者の常居所地法のいずれが消費者に有利なのかを争点ごとに裁判所が職権で比較するのは困難であることから，保護を享受すべき消費者自身に当該規定を特定させることにしたものである。

しかしこのように消費者に特定の強行法規の主張責任を課し，関係する実質法の内容を的確に理解したうえで，その強行法規中の具体的な法的主張を行うことを要求することは，消費者に過大な負担を課すことになるとの批判がある。

ｃ） 契約の方式

消費者契約の方式（たとえば書面の要否）については，通常の契約の方式に関する選択的連結（通則法10条）によると契約が成立しやすくなり，消費者に不利になりかねないことから，通則法は消費者契約に関する特則を設けている。

まず通則法11条3項で，契約成立について消費者の常居所地法以外の法が選択された場合について，成立・効力について規定する同条1項と同様の規定を置いている。この場合，常居所地法中の特定の強行規定を適用すべき旨の主張があれば，同法10条による選択的連結は排除され，専ら消費者の常居所地法中の強行法規が適用されることになる。たとえば，この消費者保護法で，一定の方式を履践しないと取消原因となると規定していれば，消費者によるこの適用の主張が認められる。

次に通則法11条4項が契約成立について消費者の常居所地法が選択された場合を規定している。これは，消費者の常居所地法が選択されても，方式の準拠法の同法10条により，選択的連結による行為地法の適用可能性が生じるので，これを排除するため，専ら消費者の常居所地法によることを認めたものである。

d） 絶対的強行法規との関係

　なお前述（50頁）したが，絶対的強行法規の適用と通則法11条・12条の適用とは別個のものであり，同法11条や12条とは別枠で，法廷地における絶対的強行法規の優先的な適用が与えられる。たとえば我が国の法でいえば，割賦販売法や特定商取引法などは，私法法規を含むものの，行政法規や罰則も定められており，絶対的強行法規にあたるとみられる。これに対し，消費者契約法は多くが相対的強行法規とみられる。

(2)　準拠法選択がない場合

　準拠法選択がない場合に，そのまま通則法8条が適用されれば，特徴的給付の理論により最密接関係地法と推定される自己になじみの薄い事業者の事業所所在地法が準拠法とされる可能性が高く（通則法8条2項），消費者としては十分な防御ができない。しかし，同法11条2項によれば，準拠法選択がない場合には最密接関係地法とする客観的連結のルールの適用を排除し，端的に消費者の常居所地法のみが準拠法となる。労働契約と異なり，他により密接な関係地法があってもその適用はない（同法12条3項参照）。

　契約の成立・効力につき準拠法選択がない場合，方式の準拠法は消費者の常居所地法によるものとし（通則法11条5項），通則法10条による選択的連結は排除されている。

図表1-4　消費者契約の準拠法

準拠法の選択の有無	成立・効力の準拠法	方式の準拠法
消費者常居所地法を選択	消費者常居所地法（7条）	消費者常居所地法（11条4項）
消費者常居所地法以外を選択	指定準拠法（7条）＋消費者常居所地法中の強行規定（11条1項）→強行法規の適用表明	選択的連結（指定準拠法か行為地法）（10条）＋消費者常居所地法中の強行規定（11条3項）
選択なし	消費者常居所地法（11条2項）	消費者常居所地法（11条5項）

(3) 適用除外（11条6項）

通則法11条6項は以下のように適用除外を規定している。

> 　前各項の規定は，次のいずれかに該当する場合には，適用しない。
> 一　事業者の事業所で消費者契約に関係するものが消費者の常居所地と法を異にする地に所在した場合であって，消費者が当該事業所の所在地と法を同じくする地に赴いて当該消費者契約を締結したとき。ただし，消費者が，当該事業者から，当該事業所の所在地と法を同じくする地において消費者契約を締結することについての勧誘をその常居所地において受けていたときを除く。
> 二　事業者の事業所で消費者契約に関係するものが消費者の常居所地と法を異にする地に所在した場合であって，消費者が当該事業所の所在地と法を同じくする地において当該消費者契約に基づく債務の全部の履行を受けたとき，又は受けることとされていたとき。ただし，消費者が，当該事業者から，当該事業所の所在地と法を同じくする地において債務の全部の履行を受けることについての勧誘をその常居所地において受けていたときを除く。

> 三　消費者契約の締結の当時，事業者が，消費者の常居所を知らず，かつ，知らなかったことについて相当の理由があるとき。
> 四　消費者契約の締結の当時，事業者が，その相手方が消費者でないと誤認し，かつ，誤認したことについて相当の理由があるとき。

　通則法11条は，すべての消費者をその保護の対象とするのではなく，その対象をいわゆる「受動的消費者」に限定している。しかし，通則法11条6項1号・2号は，自ら異法領域にある事務所に行って契約を締結する場合（現地契約），または，そこにおいて債務の全部の履行を受けたり，もしくは受ける旨の契約を締結したりした場合（たとえば現地ホテルでの宿泊契約）を適用除外とする。これらの場合にまで消費者の常居所地法による保護を消費者に享受させると，国内的にのみ活動している事業者の準拠法に関する予測可能性が害されるからである。これを「能動的消費者の適用除外」という。

　なお，いずれの場合においても，消費者が当該事業者から，当該事業所の所在地と法を同じくする地において債務の全部の履行を受けることについての「勧誘」を消費者の常居所地において受けていたときを除くとしている（通則法11条6項1・2号但書）。ここにいう「勧誘」には積極的で個別的なはたらきかけが必要であり（たとえば電話やDMによる個別勧誘），インターネットによる一般的な広告掲載では足りないとされる（小出・一問一答76～77頁）。通則法11条6項3号・4号は，事業者が消費者の常居所がどこであるかわからない場合，消費者が自ら消費者でないと欺いた場合などがこれに当たる。

(4)　事例・解説

　前述の事例を見てみよう。インターネットによる小売り売買においても，当然，通則法11条の適用の可能性はある。設問(1)において準拠法指定がある場合，消費者Xが，自己の常居所地法である日本法の特定の強行規定（本件では消費者契約法9条2号）に基づく保護を受けるには，通則法11条1項により，XはYに対し，契約の解除や取消し，一部条項の無効の主張など，その強行規定を

適用する旨の意思表示が必要である。

　準拠法指定がない場合，裁判所は，通則法11条2項を適用して，Xの常居所地法である日本法（消費者保護法を含む）を適用することになる。

　設問(2)には通則法11条6項4号の適用がありそうである。この場合，設問(1)のような準拠法指定がある場合その準拠法によることになり，逆に準拠法指定がない場合同法8条2項の適用によりY社の事業所所在地法のカリフォルニア州法によることになろう。

3　労働契約

　通則法12条は労働契約について消費者契約における11条とほぼ同趣旨の規定を設けている。12条は以下のように規定する。

1　労働契約の成立及び効力について第7条又は第9条の規定による選択又は変更により適用すべき法が当該労働契約に最も密接な関係がある地の法以外の法である場合であっても，労働者が当該労働契約に最も密接な関係がある地の法中の特定の強行規定を適用すべき旨の意思を使用者に対し表示したときは，当該労働契約の成立及び効力に関しその強行規定の定める事項については，その強行規定をも適用する。

2　前項の規定の適用に当たっては，当該労働契約において労務を提供すべき地の法（その労務を提供すべき地を特定することができない場合にあっては，当該労働者を雇い入れた事業所の所在地の法。次項において同じ。）を当該労働契約に最も密接な関係がある地の法と推定する。

3　労働契約の成立及び効力について第7条の規定による選択がないときは，当該労働契約の成立及び効力については，第8条第2項の規定にかかわらず，当該労働契約において労務を提供すべき地の法を当該労働契約に最も密接な関係がある地の法と推定する。

IV 契約類型ごとの検討 85

以下のような事例で考える。

> [事例]
> 　日本に事業所を有するカリフォルニア州法人Yとアメリカ人パイロットXとは，日本で労務を提供すべき旨の労働契約を米国で締結した。YによりXは日本の航空会社に派遣され勤務していた。その後同人の勤務態度が悪いことを理由に解雇された。Xは，この解雇は日本の労働契約法16条の解雇権濫用法理に違反し無効であると主張した。
> 　労働契約に準拠法はアメリカ連邦法・カリフォルニア州法（以下「米国法」という）とする旨記載されている場合と，準拠法の指定がない場合とでは，どのように異なるか。なお，米国法では上記を理由とする解雇は無効でないとする（「随意雇用」〔employment-at-will〕参照）。

(1) 準拠法選択がある場合

　まず，通則法12条1項によれば，基本的に労働契約にも当事者自治の原則が妥当する。したがって，仮に当事者が選択した米国法が，労働者Xの保護により厚い法であれば，Xが日本法の適用を主張することもないであろうから，当事者の選択した米国法がそのまま適用されるであろう。

　これに対し当事者が選択した法（米国法）が最密接関係地法以外の法であっても，労働者が最密接関係地法の特定の強行法規を適用すべき旨の意思を使用者に対して表示したときは，労働者保護のためにその強行規定も適用される。したがって結果的には当事者の選択した法か，最密接関係地法のうち労働者保護により厚い法が適用されることになる。

　最密接関係地の法律中の強行規定とは，制定法に限られず，判例法理（たとえば，我が国における解雇権濫用の法理）等も含む趣旨である。このように累積適用が認められている（通則法12条1項参照）根拠であるが，労働者と事業者の間に情報・交渉力の格差があることが理由とされている。

なお，通則法12条2項により労務提供地法が最密接関係地法と推定されるが，労務提供地を特定できないとき（航空会社の国際線の乗務員のように，労務提供地が法を異にする地にまたがっている場合など）は，労働者を雇い入れた事業所の所在地であると推定される。労務提供地が契約途中で変更されたときは，以後は新提供地が「労務を提供すべき地」となる。しかし一時的な労務給付地（たとえば短期の出張地）は本条項の労務提供地とはならない。

設問では，パイロットXについて労務提供地（これが特定できないとすれば，労働者を雇い入れた地）の法である日本法が最密接関係地法と推定される。したがって，Xが日本の強行規定である解雇権濫用の法理の適用を使用者に表示したときは，その強行規定が適用され解雇は無効となる。もっともこのように労働者に特定の強行規定の主張責任を要求することは，労働者に過大な負担を課すことになり，消費者契約で述べたと同様，立法論として疑問が提起されている。

(2) 準拠法選択がない場合

労働契約中に準拠法の選択がない場合，労働契約の成立および効力については，特徴的給付の理論によることなく，労務提供地（労務提供地が特定できなければ労働者を雇い入れた地）が労働契約に最も密接な関係がある地と推定される（通則法12条3項）。すなわち，消費者契約（同法11条2項参照）と異なり，最密接関係地法の推定にとどめており，客観的連結を確定的に定めてはいない。複数国が労務提供地になっている場合もあり，労務提供地法が労働者保護にとってふさわしい地の法であるとは限らないからである。

設問において準拠法の指定がなかったとすれば，パイロットXについて労務提供地の法である日本法が最密接関係地法と推定される。問題はこの推定が覆されるかどうかである。Xの国籍とXが雇用されたのがアメリカであるが，配属先は日本，住所が日本，勤務も日本を基点に行われているとすれば，主要な連結点が日本に集中していること，日本法の解雇権濫用の法理を適用することが労働者の保護によりかなうことなどを考えると，やはり最密接関係地法は日

本法でありその推定は覆らないであろう。

他方で，日本人の労働条件・賃金体系と全く異なる条件で外資系企業で働く労働者の場合，労務提供地である日本の法が最密接関係地法と推定されても，米国法（たとえば解雇自由の原則）との関連性の強さゆえにこの推定が覆る余地も十分にある。

図表１－５　労働契約と準拠法

準拠法の選択の有無	成立・効力の準拠法
最密接関係地法以外を選択	指定準拠法（7条）＋最密接関係地法中の強行規定（12条1項）→強行規定の適用表明 最密接関係地を労務提供地と推定（12条2項）
選択なし	労務提供地法を最密接関係地法と推定（12条3項）

(3) 契約の方式

労働契約については，通則法11条3項以下のような，契約の方式について，労務提供地法上の強行規定の適用を認める旨の規定がない。一般の契約の場合，契約の方式に関する準拠法は，成立に関する準拠法に加えて，行為地法の選択的連結が認められている（通則法10条2項）。労働契約も，消費者契約の場合と同様，契約の方式に関する行為地法の選択的連結を認めず，常に最密接関係地法によるものとすることが考えられるが，その場合には，結果的に行為地法の方式によった労働契約の成立が妨げられ，これでは労働者保護にならないことになる。そこで，通則法12条は，契約の方式に関する強行規定は対象とせず，特段の保護規定を設けないこととした。

(4) 労働関係法規における絶対的強行法規と相対的強行法規

法廷地法の絶対的強行法規は，通則法12条とは別枠で，裁判所の職権により労働関係に適用されることは前述した（50頁，51頁参照）。

絶対的強行法規は，その特別な強行性（公益性）の強さから，通常の準拠法

適用原則の枠外で，私人間の法律関係に介入する規定であって，結局のところ，それが絶対的強行法規の唯一のメルクマールなのではないかと思われる。

ほとんどすべての強行法規は，公法的側面と民事的側面の両者を併せもっている。私的利益を保護する規定としては，たとえば違反に対し損害賠償しか規定されておらず，行政処分や罰則がないものが考えられる。これに違反すれば，契約無効や損害賠償にしかならず，したがってこのような規定は相対的強行法規であろう。

たとえば労働基準法は，基準に達しない労働条件を定める労働契約はその部分については無効であるとしつつも（13条），行政監督や罰則をもって最低労働基準の履行を担保している。これに対し労働契約法は，民法の特別法としての位置づけであり，個別労働関係紛争を解決するための私法領域の法律として，履行確保のための監督・指導は行われず，刑事罰の定めもない。労働契約法16条の解雇権濫用法理などは通則法12条の相対的強行法規とされる（山川隆一『雇用関係法〔第4版〕』31頁〔新世社，2008〕）。

このように，労働関係法規の強行法規は，①労働者保護を刑事罰と行政機関による介入によって確保させる規定と，②労働契約法など私法的強行法規からなる規定の2つのタイプに大別される。①の労働法規は絶対的強行法規に親和性があり，②の労働法規は相対的強行法規（通則法12条の「強行規定」）とされることが多いであろう。ただし，最終的には，国家の政治的・社会的・経済的制度にとって極めて重大か否かによって決めざるを得ない。

図表1-6　一般／消費者／労働契約の準拠法の比較

	当事者の選択	客観的連結	最密接関係地の推定	方式
一般法律行為	7条,9条	8条1項	8条2項・3項	10条
消費者契約	7条,9条＋11条1項	11条2項	—	11条3項・4項・5項
労働契約	7条,9条＋12条1項	—	12条3項	10条

（神前・解説51頁）

4　業務委託契約

契約の名称が業務委託契約であっても実質が労働契約であれば（使用者の指揮監督下で労務を提供し、対価として報酬を得る契約）、労働契約として通則法の適用があることに注意すべきである。

5　職務発明

我が国の特許法において「職務発明」とは従業者などが職務上行った発明をいう。使用者等は職務発明を発明者である従業者から継承することを勤務規定などによってあらかじめ定めておくことができる（特許法35条3項）。会社が従業者から職務発明を継承した場合、会社は相当の対価を従業者に支払わなければならない（同条4項）。

「特許を受ける権利」（特許法35条1項）は、一般に、発明について特許出願をして特許権者となりうる法的地位と理解されており、特許権自体は各国の法律によって付与され、特許を受けうる地位も各国の法律によって定められている。「特許を受ける権利」は、職務発明にかかる特許権の原始的帰属の問題（特許を受ける権利の取扱いを含む）であり、これは当該特許権の登録国法に

よる。日本法上は自然人たる発明者に原始的に帰属することになる（同法29条，発明者主義）。日本と同様，従業者に権利が原始的に帰属するとする国（アメリカ，カナダ，オーストラリア等），他方で使用者に権利が原始的に帰属する国（イギリス，フランス等）とに分かれている。それでは，外国の特許を受ける権利の譲渡の対価に関する問題の準拠法をいかに考えるべきか。

　国際私法によることなく我が国特許法35条 4 項を直接適用する説，各特許権の登録国法によるとする説，雇用契約の準拠法によるとする説（労働関係説），譲渡契約の準拠法によるとする説（譲渡契約説）が存在する。譲渡契約説は，物権変動や債権譲渡の準拠法と同様，譲渡の対象たる権利そのものの問題と譲渡当事者間の債権的な問題とを区別し，対価請求は後者の問題として通則法 7 条によって定まる準拠法によるとする。当事者自治の結果，あまりに不当な結果がもたらされる場合には，通則法42条の公序条項によって対応する。

　最判平成18年10月17日は譲渡契約説を採用した。①外国の特許を受ける権利の譲渡の対価に関する問題の準拠法は，法例 7 条 1 項（通則法 7 条）の規定により，第一次的には当事者の意思に従って定められ，他方，②特許を受ける権利の準拠法は特許権の登録国法である（傍論）として，当該事案では譲渡契約の成立および効力につきその準拠法を我が国の法律とする旨の黙示の合意が存在するとした。

6　合弁契約（株主間契約）など

　株式会社を設立して行う合弁事業の契約関係は株主間契約の形態をとる。設立された法人の内部関係について適用されるのは法人従属法，つまり設立準拠法である（65頁参照）。株式，株主総会，取締役会などの組織など内部事項は，指定された準拠法でなく，もっぱら単一の設立準拠法によることになる。指定された準拠法は契約の成立・効力について適用される。また，たとえば設立前の出資者の出資義務（設立発起人の義務）の履行は，会社法上の責任の他に，契約遵守の問題となろう。

株式の買収による企業買収の場合は、株式（簡単に言えば株主権）の売買契約となる。したがって、前述のように、債権行為と準物権行為（株主権譲渡）とが合わさったものと見ることができる。後者において、株主権を主張できる要件（譲渡や対抗要件）はもっぱら買収対象会社の設立準拠法によることになる。

7 保証契約

保証については、債権者・主債務者・保証人の三当事者が関係する。そして、①債権者と主債務者との関係（主債務関係）、②債権者と保証人との関係（保証債務関係）、③保証人と主債務者との関係（内部関係）は、それぞれの法律関係に固有の準拠法によることになる。ここでは②と③につき論じる。

(1) 保証債務関係

債権者・保証人の関係については、保証債務の準拠法が問題となる。このような保証契約の準拠法は、保証債務の付従性、催告・検索の抗弁権（日本民法452、453条）、代位弁済（同499条）などの問題に適用される。

a） 保証債務の独立性

保証契約も一種の債権契約であるから、その準拠法について当事者間に明示または黙示の指定がある場合にはそれによる（通則法7条参照）。保証債務は、主債務に従たる債務であるから、主債務の準拠法に従うとする立場（1978年オーストリア国際私法15条）もあるが、主債務とは独立にそれ自体固有の準拠法をもつことができるものと解すべきであろう。これは「保証債務の国際私法上における独立性」と言及されることがある。保証債務は、債権者と保証人との間の独立の契約に基づいて発生するものだからである。

通則法においては、保証人は保証という特徴的給付を行う者とされ、その常居所地法が最密接関係地法と推定される（通則法8条2項）。しかしながら、保

証債務は主債務の担保を目的とするものであるから，主債務の準拠法によるとの黙示の意思があったものと解されるケースや，その他の理由で同条項の推定が覆されたりするケースもあろう。

b) 主債務準拠法と保証債務準拠法が異なるとき

主債務の準拠法と保証債務の準拠法が異なる場合，保証債務の成立および効力自体は保証契約の準拠法によることになるが，保証債務の準拠法が，保証債務の成否および範囲を主債務の成否および範囲に付従せしめているような場合には，この付従性の問題は，その性質上，主債務の準拠法によることになる。

c) 利息債務

保証債務の範囲に利息債務が含まれるとすると，利息債務の準拠法が一応問題となる。元本債務の準拠法とは別の法律を明示に指定していない限り，利息債務は元本債務に付随するものであるから，通常利息債務の準拠法は元本債務の準拠法によるべき黙示の意思があったものと解すべきであろう。なお，法廷地の利息制限法が絶対的強行法規として適用される可能性があることに留意が必要である（ただし，我が国では同法は相対的強行法規とする見解が有力である）。

(2) 内部関係

保証人と主債務者との関係（いわゆる内部関係）に関する問題，たとえば主債務者に対する保証人の求償権の準拠法はいずれの国の法なのかという問題は，保証が委任に基づく場合は委任の準拠法（通則法7条，8条），委任のない場合には事務管理の準拠法（同法14条，15条）によることになる。したがって，保証人の主債務者に対する求償権の存否およびその範囲ならびに保証人に事前求償が認められるか（日本民法459条，460条等参照）等の問題も，この内部関係の準拠法によると解すべきである。

(3) 法定代位

保証人が債務を弁済した場合，それによって当然に，債権者の主債務者に対する債権が保証人に移転するか。このような法定代位の準拠法はいずれの法と考えるべきか。これには見解の対立がある。

債権者と代位権者間の原因関係の準拠法，すなわち保証債務の準拠法に拠るべきとする見解がある（多数説）。法定代位は保証人の弁済行為の効果にほかならないことを理由とする。これに対し，法定代位を債権の移転に関する問題として主債務の準拠法によるべきとする見解がある（主債務準拠法説）。債権譲渡（通則法23条）と法定代位とを異別に扱う必然性がないことを理由とする。

8　代理関係

代理関係についても一言しておく。本人・代理人，代理人・相手方，本人・相手方の三面関係で考える。

(1)　本人・代理人間の関係

授権行為の準拠法を考えることになる。代理には委任・雇用などが基本関係にあるがこれと授権行為とは別に考えるべきである。ただし，授権行為の準拠法は委任等の準拠法とする黙示の意思があったと考えるべきである。

(2)　代理人・相手方間の関係

法律行為（すなわち代理人と相手方との契約）の準拠法（通則法7条以下）が適用される。

(3)　本人・相手方間の関係

これについては激しい争いがある。まず①代理行為（たとえば契約）の準拠法説，②代理行為の行為地法説がある。後者は，代理の相手方は，代理人が代理行為地法上の代理人と同様の権限をもつと考えるのが通常であることを理由

とする。さらに、③代理権の存否および範囲は、原則として、授権行為の準拠法によるが、通則法4条2項の趣旨を行為地における取引保護一般に拡張して同条項を類推適用する見解がある。この見解は授権行為の準拠法によれば代理権が存在しない場合であっても、代理行為の行為地法によれば代理権が存在するときには代理権が存在するものと解し、また、授権行為の準拠法によれば代理権の範囲外とされる場合でも、代理行為の行為地法によればその範囲内とされるときには、代理権の範囲内に属するものと解すべきであるとする。簡単にいえば、授権行為準拠法＋代理行為地法を考える立場である。現在では②説、③説が有力である。

表見代理・無権代理の準拠法についても議論がある。これはたとえば、授権行為の準拠法によれば代理権が存在しない場合、あるいは代理権の範囲を超えて代理人の行為がなされた場合、本人・相手方の関係で表見代理が成立するか、あるいは法律効果を本人に帰属させるために本人の追認が必要かという問題である。これには代理行為の準拠法説、代理行為の行為地法説、授権行為準拠法＋代理行為地法説の争いがある。

9　和解契約

不法行為による損害賠償に関し示談（和解契約）をすることを考えてみよう。

通則法21条は「不法行為の当事者は、不法行為の後において、不法行為によって生ずる債権の成立及び効力について適用すべき法を変更することができる。ただし、第三者の権利を害することとなるときは、その変更をその第三者に対抗することができない。」と規定する。

不法行為によって生ずる債権も通常は金銭債権であり、不法行為についても、抵触法上、当事者自治を認めることとした。変更は「不法行為の後」に限っている。これは、不法行為の発生前において当事者による法選択を認めるとすれば、社会的に対等ではない当事者間において一方当事者に有利な法選択がされる場合等、弱者保護の観点から問題のある事案が生じるおそれがあるからであ

る。「不法行為の後」は、少なくとも、加害行為の結果が発生した後でなければならないと解される。

　第三者とは、当該不法行為によって生じた債権に対して法的な利害関係を有する第三者に限定して解釈されるべきであり、具体的には、当該不法行為によって生ずる債務を保証した保証人などが挙げられる。たとえば、被害者Xと加害者Yの間の不法行為に基づく損害賠償債権について、当初の準拠法として通則法17条ないし20条の規定によってA国法が特定され、それを前提に保証人ZがYの債務を保証する旨の契約をXとの間で締結したとする。XとYは通則法21条によって準拠法をB国法に変更できる。A国法による場合よりB国法による場合の方がYの主債務がその態様において加重され、それに従ってZの保証債務の態様も加重されるような場合は、保証人ZはB国法への準拠法変更にもかかわらず、A国法に従えば主張できた抗弁を主張することができる。

10　相　殺

　相殺の準拠法については争いがあり、通則法でも明定されなかった。自働債権準拠法と受働債権準拠法が累積適用され双方の債権の準拠法上相殺によって債権が消滅する場合にのみ相殺が成立するとする見解（累積適用説）、受働債権の準拠法により規律されると解する見解（受働債権準拠法説）、「相殺の第三者に対する効力」という単位法律関係を設けたうえで、債権譲渡の第三者に対する効力の準拠法（通則法23条参照）と同一の法を適用すべきであるとする見解などがある。

　そもそも各国で相殺制度は大きく異なる。①相殺の意思表示によって対立する債権を対当額において消滅させる実体法上の相殺ととらえる法制度（ドイツ、スイス等）、②対立する2つの債権が相殺の要件を備えると当事者の意思表示なくして両債権が対等額において当然に消滅する実体法上の相殺ととらえる法制度（フランス、イタリア等）、③英米における手続法上の相殺ととらえる法制度、と区々分かれている。

各国法制において大きな差異があるので，実務上は，一方的な相殺権の行使ではなく「相殺合意」として定めるのがよいであろう。

準拠法選択の条項例

前記の国際私法の議論を踏まえて，準拠法選択の条項案を示す．

1 シンプルな条項例

This Agreement and any dispute relating thereto shall be governed by, and construed in accordance with the laws of Japan.

本契約およびこれに関する紛争は日本法にしたがって解釈される．

The formation, validity, construction and performance of this Agreement shall be governed by the laws of Japan.

本契約の成立，有効性，解釈及び履行は日本法に準拠する．

ここで "formation, validity, construction and performance" と列挙したが，その十分性が問われる恐れがあるので（たとえば "formation" の語がなかった場合，法廷で契約成立については準拠法の指定がないと争われる危険があることを想起されたい），むしろ上記のシンプルな例を勧めたい．

2　ウィーン売買条約

[動産売買に関する契約で CISG を排除する]

> This Agreement and any dispute relating thereto shall be governed by, and construed in accordance with the laws of the state of New York and the United States of America, without reference to principles of conflict of laws. The application of the United Nations Convention on Contracts for the International Sales of Goods shall be excluded.
>
> 　本契約及び本契約に関する紛争は，ニューヨーク州とアメリカ合衆国の法律に準拠し，同法に従って解釈するが，抵触法ルールの適用を排除する。国連物品売買統一法条約（CISG）の適用を排除する。

　本例文では，国際私法，法の抵触による適用法の選択のルールを考慮することを排除するとしている（without reference to principles of conflict of laws）。ニューヨーク州あるいは他の国の抵触法ルールを適用すると，その結果，指定国（ここではニューヨーク州法）以外の国の準拠法が実質法として適用されるかもしれない。抵触法のルールによって，適用法がニューヨーク州以外の国の法律になってしまうのを防ぐ目的がある。なお，イギリスでは principles of conflict of laws ではなく choice of law rules の方がなじみがあるかもしれない。

　また，例文ではウィーン売買条約の適用も排除している。両契約当事者が締結国にある場合でも，ニューヨーク州法ではなく同条約が適用されることになるが，それを阻止するためのものである。

V　準拠法選択の条項例　99

[販売店契約でウィーン売買条約の適用を排除する]

> The parties hereto agree to exclude the application of the United Nations Convention on Contracts for the International Sales of Goods with respect to the sales of the Products under this Agreement and/or individual sales contracts made between the parties hereto.
>
> 　本契約と個別契約に基づく本製品の販売につきウィーン売買条約の適用を排除することに合意する。

　販売店契約はいくつかの契約関係で構成されるが，メーカーと販売店の間には継続的売買契約の関係が存在する。この契約関係にウィーン売買条約の適用の可能性があるので，それを排除したい場合は明文が必要となる。

　契約書が言語によって複数存在する場合（英語版，日本語版など）は，どの言語版が確定版かを特定するする必要がある。別項を設けて，これを規定することが多い。

3　インコタームズ

[貿易条件をインコタームズによるとする文案]

> The trade terms under this Agreement shall be governed by and interpreted by the provisions of the International Commercial Terms (2010) made by International Chamber of Commerce.
>
> 　本契約の貿易条件は ICC 作成のインコタームズ2010年に従う。

　FOB 条件や CIF 条件等の貿易条件の解釈は国ごとに異なる可能性があるため，インコタームズによると規定する。

4 その他

[クロス方式の準拠法選択による条項]

> If Purchaser claims to Seller, this Agreement shall be governed by the laws of Japan, and if Seller claims to Purchaser, this Agreement shall be governed by the laws of the UK.
>
> 　買主が売主にクレームする場合，本契約は日本法に準拠するものとし，売主が買主にクレームする場合，本契約はイギリス法に準拠するものとする。

　この条項は，クロス方式の裁判管轄・仲裁の条項とペアで用いられることが多い。たとえばクレーム主体が非日本法人の場合（文例では買主側でイギリス法人），この法人は日本で提訴（又は仲裁申立て）し，その紛争は日本法に準拠するということになる。しかし，裁判・仲裁になるまで準拠法が決まらないのであるから，契約解釈に不安定さが生じるという大きな欠点が生じることになる。

[英語版が優越する]

> The English version of this Agreement shall prevail over any other language versions.
>
> 　本契約の英語版がその他の言語版に優越する。

国際裁判管轄

I 裁判管轄権とは

1 総論

　国際裁判管轄に関する規定は，日本の裁判所に管轄権が認められる範囲を定めるものである。論理的には，すべての事件についてまず国際裁判管轄の判断が先行し，その後に国内の土地管轄が問題となる。国際裁判管轄も国内土地管轄も広義の土地管轄の問題であるので，いずれの規律も基本的に類似している。しかしながら，当事者（被告）の応訴の負担は大きく異なる。また，国際裁判管轄の場合には移送によっては調整ができないという点も異なる。

　こうした点から，国際裁判管轄の規律と国内土地管轄の規律とでは，その内容が異なっている場合がある。たとえば，不法行為地管轄について，国際裁判管轄との関係では，国内土地管轄と異なり，結果発生が通常予見できない場合を除いている（民訴法3条の3第8号，5条9号）。また，国内土地管轄には存在しない管轄原因を国際裁判管轄で認めている場合がある（消費者契約に関する訴え〔同法3条の4第1項〕，個別労働関係民事紛争に関する訴え〔同条2項〕）。

2 裁判権免除

(1) 裁判権免除の意義

　裁判権は一国の国家主権に由来する権能であり，その行使は国家主権の行使

という性格を有する。自国領域内では，原則としてあらゆる人・物に対して及ぶのが原則である。もっとも，外国国家や外交使節，国際機関などが民事司法手続の対象となる場合には，外国の国家主権を尊重し，あるいはその行使を担う者の機能や国際機関の活動の円滑を保障するという観点から，裁判権に対する制約が問題となりうる。これを「裁判権免除」と呼ぶ。外国政府と取引をする際に裁判権免除が問題となる。

(2) 絶対免除主義から制限免除主義へ

およそ一般的に外国国家に対する民事裁判権の免除を認める立場を「絶対免除主義」という。ただし，裁判権の免除を受ける側がこれを放棄した場合，たとえば外国政府が原告として訴えを提起するとか，被告として応訴するとかするような場合には裁判権に服することになる。

これに対し，外国国家に対する民事裁判権の免除の範囲を制限する立場を「制限免除主義」という。一定の基準を設けて外国国家も国内裁判所の裁判権に服せしめるという立場である。もっとも制限の基準ないし程度については国により差異がある。現在では制限免除主義が国際慣習法の確立したルールとなっている。

(3) 民事裁判権法の制定

我が国は2009年に国内法として「外国等に対する我が国の民事裁判権に関する法律」を制定した（2010年4月施行。以下「民事裁判権法」という）。すでにアメリカでは1976年に外国主権免除法（Foreign Sovereign Immunities Act）が制定・施行されている。

我が国法によると，外国等（民事裁判権法2条参照）は日本の民事裁判権から免除されるのが原則である（同法4条）。しかしながら，次のような免除されない場合が定められており，制限免除主義の採用が明らかとなっている。

(4) 裁判手続からの免除の例外

たとえば，①外国等が明示的に（条約や書面による契約などによって），裁判権に服することに同意した場合（民事裁判権法5条1項），②外国等と当該外国等以外の国の国民・法人との間の「商業的取引」に関する裁判手続の場合（同法8条1項）（この「商業的」において営利性は要件ではない），③外国等と個人との間の労働契約であって，日本国内において労務が提供されるものに関する裁判手続の場合（同法9条1項），④外国等が責任を負うべきものと主張される行為（当該行為の全部または一部が日本国内で行われ，かつ，当該行為をした者が当該行為の時に日本国内に所在していた場合に限る）による人の死亡・傷害または有体物の滅失・毀損によって生じた損害または損失の金銭による塡補に関する裁判手続の場合（同法10条）などである。国際的な商取引の場面で実務上特に重要なのは，免除放棄の合意と商業的取引の例外である。

a） 裁判権の免除の放棄

国家が契約当事者として裁判管轄合意や仲裁合意を締結した場合，判決手続（仲裁合意の場合には仲裁判断の取消し等に関する裁判手続）について免除放棄の効果を認めうる（民事裁判権法5条1項）。したがって裁判管轄の合意をすることは重要である。

b） 商業的取引

「商業的取引」は取引目的で決するか性質で決するかという論点がある。公的目的のためにする商業的取引から生ずる訴訟において国家が被告となりうるか，という問題である。行為の目的に着目する行為目的説によれば主権的行為として裁判権免除が与えられ，行為の性質に着目する行為性質説によれば商業的取引として裁判権免除は与えられないことになる。我が国最高裁は，民事裁判権法制定前の判決（最判平成18年7月21日）において，行為性質説の立場をとることを明らかにしている。民事裁判権法8条1項は，「商業的取引」を「民事又は商事に係る物品の売買，役務の調達，金銭の貸借その他の事項につ

いての契約又は取引」と定義し，行為性質説を採用しているように見える。

(5) 執行手続からの免除の例外

　判決手続とは異なり，執行手続は執行管轄権の行使であり，外国等の有する財産に対する執行において当該外国等が抵抗すれば物理的な権力の衝突になるため，より慎重にならざるを得ない。そのため免除原則の例外は判決手続に比べて限定的である。外国等が保全処分・民事執行から免除されない場合として，①仲裁の合意や執行権に服することに同意した場合（民事裁判権法17条1項），②特定の目的に使用される財産の場合（同法18条）などを規定する。これは米国1976年外国主権免除法と同様の構造である。

　判決手続への同意（同法5条1項）は執行手続への同意と解することはできないとされている（同法17条3項）。したがって，実務上は，判決手続の免除放棄とは別に，執行手続の免除放棄を書面（すなわち執行合意条項）にしておくことも必要である。

3　国際裁判管轄の決定のプロセス

　国際裁判管轄について民訴法等が改正された（2012年公布）。新設された第1編第2章第1節「日本の裁判所の管轄権」の規定によることになる。

(1)　国際裁判管轄の決定のプロセス

　まず民訴法3条の2の一般管轄原因につき検討し，それが認められない場合には民訴法3条の3から3条の8までの特別管轄原因につき検討することになる。民訴法の定める管轄の基礎のいずれかが日本国内に存在するときは，原則として日本の裁判所の国際裁判管轄は肯定される。なお管轄権は，訴えの提起の時を標準として定める（民訴法3条の12）。

　日本の裁判所に管轄原因が存する場合には，民訴法3条の9により日本の国際裁判管轄を否定すべき「特別の事情」が存するか否かにつき検討する（ただ

し，専属的管轄合意により日本に管轄が認められる場合を除く）。

(2) 特別事情による却下が明らかな場合

なお，民訴法3条の2から3条の8までに定める管轄の基礎が日本国内にあるかどうかを判断するまでもなく，当該事件の具体的事情に照らせば，「当事者間の衡平を害し，又は適正かつ迅速な審理の実現を妨げる」こととなる「特別の事情」が存在する場合には，日本の裁判所は管轄権を有しないと判断してよい。学説からの有力な批判はあるが，平成23年改正前のファミリー事件・最判平成9年11月11日はこれを肯定する。

なお，我が国裁判所が専属裁判管轄の合意の対象とされている場合，民訴法3条の9括弧書は，特別の事情による却下をしないと規定している。また，法定の専属管轄の規定にも留意すべきである（たとえば，民訴法3条の5）。法定専属管轄の規定が適用される訴えについては，その規定によれば我が国の専属管轄となる場合，同法3条の9の規定を適用しないとされているので（同法3条の10），特別事情による却下はできない。

以下，まず一般管轄原因（民訴法3条の2）について述べる。同条は，人に対する訴え（1項）と法人その他社団又は財団に対する訴え（3項）を規定する。これは「原告は被告の住所に従う」の原則に基づくもので，原告は十分な訴訟準備をした上で訴えるのに対して，被告は応訴を余儀なくされる受動的立場にあるので，被告の防御のために手続的衡平を図る必要があるからである。

II

民事訴訟法における国際裁判管轄決定のプロセス

1 被告の住所地の国際裁判管轄（3条の2）

　一般管轄原因につき民事訴訟法3条の2第1項は「人に対する訴えについて，その住所が日本国内にあるとき，住所がない場合又は住所が知れない場合にはその居所が日本国内にあるとき，居所がない場合又は居所が知れない場合には訴えの提起前に日本国内に住所を有していたとき（日本国内に最後に住所を有していた後に外国に住所を有していたときを除く。）」，同条3項は「法人その他の社団又は財団に対する訴えについて，その主たる事務所又は営業所が日本国内にあるとき，事務所若しくは営業所がない場合又はその所在地が知れない場合には代表者その他の主たる業務担当者の住所が日本国内にあるとき」，我が国が管轄権を有すると規定する。

(1) 民事訴訟法3条の2の意義

　同条第1項で「住所」は「生活の本拠」（民法22条）を指す。

　同条第3項は，法人その他の社団または財団に対する訴えにつき，①その主たる事務所又は営業所が日本国内にあるとき，②その事務所若しくは営業所がない場合又はその所在地が知れない場合において，その代表者その他の主たる業務担当者の住所が日本国内にあるときには，日本の裁判所が管轄権を有すると定めている。「事務所」とは非営利法人がその業務を行う場所，「営業所」と

は営利法人がその業務を行う場所をいう。「主たる事務所又は営業所」とは法律上の本店等ではなく、事実上の統括地であると解される。なお、本条3項の場合、3条の3第4号（特別裁判籍）と異なり、事件の種類内容を問わない。

(2) マレーシア航空事件と関連性

民事訴訟法改正前のマレーシア航空事件（最判昭和56年10月16日）は、被害者は日本の営業所ではなく現地で航空券を購入した場合につき、被告外国法人の日本営業所が東京にあることを理由として、我が国の国際裁判管轄を認めた。マレーシア航空事件最判と民事訴訟法3条の2第3項との関係をどう考えるべきか。

民事訴訟法3条の2第3項は、法人等に対する訴えについて、主たる事務所・営業所の所在地が日本国内にある場合に日本の裁判所の管轄権を認めるものであり、その他の事務所・営業所が日本国内にあれば日本の裁判所の管轄権を一般的に認めるという考え方は採っていない。日本に従たる事務所・営業所があるだけの場合には、その業務に関連する訴えについてのみ管轄が認められる（民事訴訟法3条の3第4号）。

マレーシア航空事件の事案では、他の管轄原因を検討することによって同様の結論を導きうると思われる。たとえば、①被害者が被告の日本国内の営業所や、インターネット上に開設された日本人向けのウェブサイトを通じて航空券を購入した場合には民事訴訟法3条の3第4号または第5号により、②不法行為地（加害行為地または結果発生地）が日本国内にあるときは同条8号により、③当該航空運送に関する契約が消費者契約の場合においてその契約締結時または訴え提起時における原告（消費者）の住所が日本国内にあるときは民事訴訟法3条の4第1項により、それぞれ日本の裁判所に管轄権が認められよう。

アメリカの裁判管轄権の考え方

アメリカでも居住者に対する普通裁判管轄権は認められている。各州は非居住

者に対する管轄権行使につきロングアーム・スタチュート（Long-Arm Statute）を制定している。

ニューヨーク・ロングアーム・スタチュート（N.Y.C.P.L.R.S302（2003））は以下のように規定する。

「302条　非居住者の行為による人的管轄権
(a)　管轄権の基礎となる行為

本条で規定する行為から生じる請求原因に関し，裁判所は，自ら又は代理人によって以下の行為をする非居住者またはその遺言執行者・管財人に対し，人的管轄権を行使することができる：

1．本州内で事業を行い，又は本州で製品またはサービスを提供する契約をすること
2．本州内で不法行為を行うこと，ただしその行為から生じる名誉毀損の請求原因に関するものを除く。
3．4．省略」

ロングアーム・スタチュートは，日本民訴法では特別管轄原因に相当するが，これは州によってその内容が異なる。厳格なものもあれば緩やかなものもある。まずその州の人的管轄権に服させるには，ロングアーム・スタチュートの適用が肯定される必要がある。その次の段階でその州の管轄権行使がデュー・プロセス条項に違反しないことが必要とされる。

州の管轄権行使に関する合衆国憲法修正第14条デュー・プロセス条項は，その州と被告との間に「最小限度の関連性（minimum contacts）」が必要とされる。

また，連邦最高裁判所は，州内の消費者に購入してもらうことを予期して当該製品を商業の流れに置いた非居住者である企業に対して裁判所は人的管轄権を行使しても良いという理論を示している。これをストリーム・オブ・コマース（stream of commerce）の理論と言う。この理論もミニマム・コンタクトの理論と同じ流れと考えてよい。

2　特別管轄原因

民事訴訟法3条の3以下で，特別裁判管轄原因を定める。以下重要な原因に

つき説明を加える。

「第3条の3　次の各号に掲げる訴えは、それぞれ当該各号に定めるときは、日本の裁判所に提起することができる」とされている。　　　　（注：一部省略）

一号　契約上の債務の履行の請求を目的とする訴え又は契約上の債務に関して行われた事務管理若しくは生じた不当利得に係る請求、契約上の債務の不履行による損害賠償の請求その他契約上の債務に関する請求を目的とする訴え	契約において定められた当該債務の履行地が日本国内にあるとき、又は契約において選択された地の法によれば当該債務の履行地が日本国内にあるとき。
二号　手形又は小切手による金銭の支払の請求を目的とする訴え	手形又は小切手の支払地が日本国内にあるとき。
三号　財産権上の訴え	請求の目的が日本国内にあるとき、又は当該訴えが金銭の支払を請求するものである場合には差し押さえることができる被告の財産が日本国内にあるとき（その財産の価額が著しく低いときを除く。）。
四号　事務所又は営業所を有する者に対する訴えでその事務所又は営業所における業務に関するもの	当該事務所又は営業所が日本国内にあるとき。
五号　日本において事業を行う者（日本において取引を継続してする外国会社（会社法第2条第2号に規定する外国会社をいう。）を含む。）に対する訴え	当該訴えがその者の日本における業務に関するものであるとき。
七号　会社その他の社団又は財団に関する訴えで次に掲げるもの 　イ　会社その他の社団からの社員若しくは社員であった者に対する訴え、社員からの社員若しくは社員であった者に対する訴え又は社員であった者からの社員に対する訴えで、社員	社団又は財団が法人である場合にはそれ

としての資格に基づくもの ロ　社団又は財団からの役員又は役員であった者に対する訴えで役員としての資格に基づくもの ハ　会社からの発起人若しくは発起人であった者又は検査役若しくは検査役であった者に対する訴えで発起人又は検査役としての資格に基づくもの ニ　会社その他の社団の債権者からの社員又は社員であった者に対する訴えで社員としての資格に基づくもの	が日本の法令により設立されたものであるとき，法人でない場合にはその主たる事務所又は営業所が日本国内にあるとき。
八号　不法行為に関する訴え	不法行為があった地が日本国内にあるとき（外国で行われた加害行為の結果が日本国内で発生した場合において，日本国内におけるその結果の発生が通常予見することのできないものであったときを除く。）。
十一号　不動産に関する訴え	不動産が日本国内にあるとき。

(1) 債務履行地管轄（3条の3第1号）

a) 債務履行地管轄の肯否

　民事訴訟法3条の3第1号は債務履行地管轄を規定する。履行をなすべき場所で債務者に履行を請求することは法的にも正当であり，かつ当事者間の公平や被告の予測可能性にもかなう。証拠収集の便宜の点で合理性が認められる場合もある。

　契約上の債務とは関連しない法定債権（不法行為に基づく損害賠償請求など）に基づく訴えを適用対象から除外している。これを管轄原因とすると被告の予測可能性を害することになるからである。

b） 対象となる請求の整理

　民事訴訟法3条の3第1号上段「契約上の債務の履行の請求を目的とする訴え又は契約上の債務に関して行われた事務管理若しくは生じた不当利得に係る請求，契約上の債務の不履行による損害賠償の請求その他契約上の債務に関する請求を目的とする訴え」については，下段「契約において定められた当該債務の履行地が日本国内にあるとき，又は契約において選択された地の法によれば当該債務の履行地が日本国内にあるとき」我が国の国際裁判管轄を認める（3条の3第1号）。

　よって整理すると，訴えの目的となりうる請求は，①「契約上の債務」の履行の請求と，②(a)「契約上の債務」に関して行われた事務管理に係る請求，(b)「契約上の債務」に関して生じた不当利得に係る請求，(c)「契約上の債務」の不履行による損害賠償の請求，および(d)その他「契約上の債務」に関する請求である。一部法定債権にも適用が拡大されているが，その実質は契約に関するものであり，契約当事者は契約上の履行地での解決を予期しておりこの予見可能性は保護すべきであるからである。

　②の(a)は委任契約上の事務処理義務を超えて本人の事務の管理を行った場合，(b)は契約上の債務に基づく給付が契約が解除され不当利得となった場合，(d)は債務不存在確認請求などが含まれる。なお契約締結上の過失を理由とする損害賠償請求は，「契約上の債務」ではないからこれには含まれないであろう。

　この管轄原因は，当事者の予測可能性，債務履行に関する証拠収集の便宜，強制執行の実効性などを理由としている。国内土地管轄を定める民事訴訟法5条1号は広く「財産権上の訴え」とし，契約に関係しない不法行為事件などの訴えなども広く適用対象とする。たとえば，損害賠償請求については，金銭債務であるから，原告の現在の住所地が義務履行地となる（民法484条1項）。しかし，この理を国際裁判管轄に認めると，被告の予測しえない国での応訴を強いることになる。したがって，民事訴訟法3条の3第1号は適用対象を「契約上の債務」に関する訴えに限っている。

c) 契約から複数の債務が発生するとき

契約から複数の債務が発生する場合はどうか。

履行地管轄の対象につき、「契約上の債務の履行の請求を目的とする訴え」としていることから、契約から複数の債務が発生する場合には、それぞれの債務ごとに管轄の有無が判断されることになる。たとえば、売買契約に基づく目的物引渡請求の場合は目的物の引渡地が債務履行地、売買契約に基づく代金支払請求の場合は代金の支払地が債務履行地である。貨物の引渡地が日本でなく、代金支払地が日本である場合には日本の裁判所は貨物の引渡し請求訴訟の管轄権を有しない。管轄の分断の危険は客観的併合管轄（民訴法3条の6）を認めることによって回避できる。

d) 1号下段の意義・適用範囲

民事訴訟法3条の3第1号下段は、①契約で定められた履行地、または②当事者が契約で指定した準拠法（通則法7条、9条）による履行地が日本にあれば、我が国に管轄が認められるとする。①には、インコタームズの取引条件を契約で引用する場合も含まれる。

②によれば、たとえば、当事者が売買契約において準拠法を日本法と指定したときは、日本の民法等により債務の履行地が日本国内にあれば、日本の裁判所に訴えを提起することができることとなる。②が認められた理由は、準拠法上履行地が明白であることから契約には履行地を明示しない場合もありうるところにある。また、原告が提訴した国の国際私法によって決定される準拠法によって履行地が決まる事態を排除し被告の予測可能性を確保したものである。

②の「契約において選択された地の法」とは、履行地管轄の趣旨が当事者の予測可能性の担保にあることからすれば、当事者による明示・黙示の指定がある場合に限られる。よって、準拠法選択がない場合における最密接関係地法（通則法8条）で定まる履行地には、本号の履行地管轄は認められない。

ウィーン売買条約が適用される結果履行地が定まる場合に、「契約において選択された」といえるか。ウィーン売買条約31条は貨物引渡し場所を、同57

条(1)は代金支払い場所を規定しているが、ウィーン売買条約が適用される売買契約において履行地が定められていない場合に、これらの規定により定まる履行地を基準として本号の国際裁判管轄権を認めることができるかという問題である。しかし、ウィーン売買条約により定まる履行地は法定の債務履行地なので、「契約において選択された」とはいえずこれを管轄の基礎とすることはできない。あくまで当事者が履行地を定めまたは準拠法を選択していることが必要である。

(2) 財産所在地管轄（3条の3第3号）

①請求の目的が日本国内にあるとき、または②当該訴えが金銭の支払いを請求するものである場合には差し押さえることができる被告の財産が日本国内にあるとき、我が国の裁判管轄を認める。

a) 請求目的物

①の土地管轄は、一般に当該請求と合理的関連性を有するほか、当該目的物の権利関係を調査するにも便宜であることなどから認められる。債権についてはその所在地が問題となりうるが、国内管轄と同じように、物の引渡しを目的とする債権であれば当該物の所在地、金銭債権については第三債務者の普通裁判籍の所在地（民事執行法144条2項参照）を当該債権の所在地とみることになろう。

なお、債権差押えの国際裁判管轄につき、第三債務者が我が国に住所等を有しなくても、債務者の住所等が日本にあれば、我が国の管轄権を認める判決がある。知的財産権については、日本で登録または付与されている場合をいう。また「国内にある」の意義であるが、動産（船舶や航空機等も）については、訴え提起の時に日本にあればよいと解される（民訴法3条の12）。

b) 差押対象財産

②の土地管轄は、被告の一般責任財産の所在地に管轄権を認めるものである。

これは，被告の差押可能財産が日本国内にある場合には，債権者である原告が債務名義を得てその財産に対して強制執行をすることができるようにするのが相当であるとの考えによる。

しかしながら，①と異なり，請求と当該財産との関連性が要求されておらず，少額の財産が偶然に国内にあるだけで国内管轄を発生させ，関連のない法廷地での訴訟を強いられることになる（過剰管轄）という不当な結果をもたらしかねない。そこで，民事訴訟法3条の3第3号括弧書で，差押え可能な被告の財産の価額が著しく低いときには除外されている。これは，強制執行をしても換価の可能性がない場合などである。

(3) 営業所所在地管轄・事業活動地管轄（3条の3第4号・5号）

a) 営業所管轄における「業務に関するもの」の判断基準（3条の3第4号）

管轄原因は，業務を取り扱っている事務所等はその業務については住所に準じるものと見ることができることを根拠とする。当該事務所等が日本国内のみならず，たとえばアジア地域を統括する支店として他国の業務も担当しているとき，当該他国の業務に関しても本号が適用され我が国の裁判管轄権が及ぶ。ここで「業務に関するもの」は抽象的業務範囲内であれば足りるとする立場もあるが，過剰管轄のおそれがあるから，実際に営業所等でなされた業務から事件が発生していることを要する。なお，外国における子会社は，別法人なので，ここの事務所等にはあたらない。

b) 事業活動地管轄（3条の3第5号）

我が国で取引を継続的に行う外国会社は，営業所の設置義務はなく日本における代表者を定めればよいことになっている（会社法817条1項参照）。営業所を設置せず日本における代表者を定めているだけの外国会社が，日本において継続取引をする場合の日本での業務に関する訴えは，民事訴訟法3条の3第5号によることになる。日本で事業を行うもので，かつ日本での業務に関する事件であれば，当事者の予測可能性に反しないこと，および証拠収集の便宜に適

うことから管轄原因として認められている。

特に，今日では日本国内に事務所・営業所といった拠点を置かないで隔地的な事業（ネット通販など）を継続的に行うことも，その業務分野によっては可能であることから，5号により継続的事業活動が認められる場合には管轄を肯定しうる。

また5号は子会社・代理店・特約店を介した日本での事業も含まれうるのに対し，4号は被告自体の「その」事務所・営業所の業務と規定しているので，これらは含まれない。ただし，5号は（取引と異なり）「事業」とあるのである程度の反復継続性を要する。

c) 民事訴訟法3条の3第4号と5号の適用関係について

4号と5号のいずれの要件も満たす場合として，たとえば，日本に営業所を設置して日本で事業を行う者に対する訴えで，その営業所における業務に関するものがこれにあたる。

4号の要件は満たすが，5号には該当しない場合として，日本にある営業所が，日本国外での業務を行っておりこの業務に関連する訴えなら4号に該当するが，これは日本における業務とはいえないので5号にはあたらない。他方，5号の要件は満たすが，4号には該当しない場合としては，日本国内に営業所を設置せず，インターネット等を介して日本で事業を行っている場合などが該当する。なお，前述（108頁）のマレーシア航空事件の論述を参照のこと。

アメリカ法における事業活動地管轄

事業活動（doing business）の管轄は，アメリカで主として州内で事業活動を行う外国法人に対して管轄権を及ぼすための理論として発展してきたものである。この場合，事業活動とはどのような活動を指すかという点が問題となる。すなわち，その活動が一回限りの行為でも十分か，反復継続して行われることを要するかが問題とされる。他方で，より広く transact an act として，一回限りの活動（不法行為またはその他の原因）でもよいとされる場合もある。

> 抵触法第2リステイトメント35条および36条は，doing business と doing an act とをそれぞれ別個の管轄権の原因として規定するとともに，前者については，「事業が継続的かつ実質的に行われ，そのためその州の裁判管轄権の行使が合理的と認められる場合には，その州における当該事業から生じたものでない訴訟原因についても管轄権を行使することができる」(35条3項)として，一般管轄権の基礎としても認めている。

d) 外国会社の子会社の所在地を管轄原因とできるか

外国法人が日本に子会社を設立し，営業所とほぼ同様の事業活動を我が国で行う場合がある。民事訴訟法には子会社についての規定はないが，その実質的機能に着目し，「当事者間の公平と裁判の適正・迅速」の見地から，子会社を通じた日本での事業活動（5号下段の「その者の日本における業務」）を基礎として当該外国会社に対する訴えの管轄（民訴法3条の3第5号）を肯定する余地があろう。しかしながら，子会社の所在地を外国会社の営業所と解して一般的に管轄原因（同法3条の3第4号）を認めることは難しいであろう。

(4) 会社等の設立国管轄（3条の3第7号）

7号は，会社等の設立国等の国際裁判管轄を定めるものである。これは国内管轄に関する5条8号と同旨の規定である。

会社等に関係する訴えである以上，その会社の本拠地（設立国・主たる営業所等所在国）において訴えられることは被告にとっても予測可能であり，また同種の事件について共通の管轄裁判所を確保する必要があるからである。

本号で「会社」に関しては，主に，持分会社の「社員」に関する適用となる（7号イとして会社法582条1項，596条，ロとして652条，ニとして580条1項）。株式会社で適用が考えられるのは，7号ハで会社から検査役に対する任務懈怠に基づく損害賠償請求（会社法358条）とされている。

(5) 不法行為管轄（3条の3第8号）

　民事訴訟法3条の3第8号は，不法行為に関する訴えにつき，不法行為があった地が日本国内にあるとき（外国で行われた加害行為の結果が日本国内で発生した場合において，日本国内におけるその結果の発生が通常予見することのできないものであったときを除く），我が国の国際裁判管轄を認める。不法行為に関する証拠方法は通常不法行為地に集中しており裁判の適正・迅速が期待できること，不法行為地に被害者が居住する場合には被害者の救済に資すること，加害者にその地での応訴を加害者に期待しても不当な要求とまではいえないこと，などが理由として挙げられる。

　不法行為地管轄の基礎となる「不法行為地」については，不法行為の原因となる行為がなされた地（行動地や加害行為地と呼ばれる）だけでなく一定の範囲（8号括弧書による）で結果（損害）発生地も含まれる。これは，いずれの地にも証拠方法が集中していると考えられること，行動地と結果発生地が複数の国にまたがる「隔地的不法行為」では，「不法行為地」を行動地に限定すると，行動地は被告の本拠地と一致することが多いことからすれば，普通裁判籍である被告の本拠地管轄とは別に不法行為地管轄を認める意味がなくなることなどを理由とする。

　なお，海外で事故が発生し，被害者が日本に戻って治療費を支出した場合など結果発生地の中に二次的・派生的に生じる経済的な損害の発生地まで含めるかについては争いがある。

　8号括弧書の予見可能性は通常予見できたかを問題としてあり，したがって加害行為者が日本国内における結果の発生を具体的に予見し得たか否かという加害行為者の主観的事情を問題とするのではなく，加害行為者及び加害行為の性質・態様，被害発生の状況等，当該不法行為に関する事情を総合して，客観的・類型的に判断されるとされている。

　民事訴訟法3条の3第8号の「不法行為に関する訴え」は，不法行為に基づく訴えに限られず，差止請求に関する訴えも含む。したがって8号の「不法行為があった地」は，違法行為が行われるおそれのある地や，権利利益を侵害さ

れるおそれのある地をも含む（最判平成26年4月24日）。

　知的財産権，物権，人格権などの侵害ももちろん不法行為と解される。ただし，損害賠償債務の不存在確認を求める消極的確認訴訟（いわゆる対抗訴訟）については見解が分かれている。

(6)　不動産管轄（3条の3第11号）

　11号の「不動産に関する訴え」とは，不動産に関する権利を目的とする訴えをいい，具体的には，不動産上の物権の確認請求，所有権に基づく返還請求，契約に基づく不動産の引渡請求の訴え等が含まれるが，不動産の売買代金請求，賃料請求の訴え等は含まれない。

　改正法においても，物権及び物権的請求権に係る訴えの管轄権を日本の裁判所に専属させることとはせず，外国の不動産の所有権の帰属等について日本の裁判所が審理し得るものとしている。

　3条の3第11号の訴えと3条の5第2項の登記に関する訴えとの関係に関し，たとえば，不動産についての所有権移転登記手続を求める訴えは，3条の3第11号の不動産に関する訴えに該当するとともに，3条の5第2項の登記に関する訴えにも該当する。しかしながら，3条の5第2項は，3条の10の法令に定めがある場合に該当するので，11号ではなく3条の5第2項が優先して適用されることとなる。

(7)　法定の専属管轄（3条の5）

　民事訴訟法3条の5は以下の通り法定の専属管轄を定める。

> 1　会社法第7編第2章に規定する訴え（同章第4節及び第6節に規定するものを除く。），一般社団法人及び一般財団法人に関する法律第6章第2節に規定する訴えその他これらの法令以外の日本の法令により設立された社団又は財団に関する訴えでこれらに準ずるものの管轄権は，日本の裁判所に専属する。

> 2 登記又は登録に関する訴えの管轄権は，登記又は登録をすべき地が日本国内にあるときは，日本の裁判所に専属する。
> 3 知的財産権（知的財産基本法第2条第2項に規定する知的財産権をいう。）のうち設定の登録により発生するものの存否又は効力に関する訴えの管轄権は，その登録が日本においてされたものであるときは，日本の裁判所に専属する。

a）　3条の5の意義

民事訴訟法3条の5は日本の裁判所が専属管轄権を有する場合を定めるが，同法3条の10と併せ読めば，その「訴えについて法令に日本の裁判所の管轄権の専属に関する定めがある場合」の「法令」とは3条の5のことであり，日本の裁判所に3条の5により法定専属管轄がある場合，外国裁判所の裁判管轄を認めないこととなる。

b）　1項の管轄原因

民事訴訟法3条の5第1項の管轄原因であるが，法人の組織に関する訴え（設立無効確認など）やその機関の責任に関する訴えは，設立準拠法所属国の関心が高いことを理由とする。ここに株主代表訴訟（会社法847条）は含まれるが，429条訴訟は含まれない（不法行為地管轄となる）。

c）　2項の管轄原因

民事訴訟法3条の5第2項については，行政庁を相手とする登記・登録の有効性または無効を目的とする訴えなどが含まれる。登記・登録の要件は各国で異なりうること，登記・登録国が他国の判決を承認し，それに基づく登記・登録を行う可能性は高くはなく，仮にそれが可能でも手続として迂遠であることが理由とされる。また登記・登録に関する訴えについては，公示制度を所管する国の裁判所が最も専門性・習熟性を有し，迅速かつ適正な審理判断が可能になることも理由とされる。

「登記又は登録に関する訴え」は，登記・登録と直接に関係する訴えに限られ，義務者に対して登記・登録の手続をすべきことの意思表示を求める訴え，登記・登録の義務の積極的・消極的確認を求める訴え等は含まれるが，登記・登録を求める前提のものであっても単に所有権等の確認を求める訴えは含まれない。

ここで「登記」とは，登記官が一定の事項を登記簿に記載することをいい，不動産・船舶の所有権・抵当権や不動産の賃借権・質権等の設定・移転・消滅等の登記，法人・会社等の登記，動産・債権譲渡登記などがこれに該当する。また「登録」とは，行政庁が登記簿以外の公簿に一定の事項を記載することをいい，特許権・実用新案権・意匠権・商標権・著作権・著作隣接権・自動車・航空機等の所有権・抵当権等についての設定・移転・消滅等の登録などがこれに該当する。

d） 3項の管轄原因

同条3項は，特許権，商標権などの設定の登録により発生する知的財産権の存否・効力に関する訴えについて規定する。具体的には，特許権，実用新案権，意匠権，商標権等である（特許権の専用実施権も含まれる）。著作権等は，設定の登録をすることはできるが，それはあくまでも対抗要件としての登録であり（著作権法77条など），それによって権利が発生するわけではないので，本条の適用対象とはならない。

e） 知的財産権の侵害訴訟の管轄原因

設定の登録により発生する知的財産権は各国の行政処分により付与されることも多く，その権利の存否や有効性については登録国の裁判所が最も適切に判断することができると考えられる。他方で，帰属や侵害に関する訴訟は専属管轄の対象とはなっていない。侵害に対する損害賠償請求については登録国の専属管轄は認められず，被告住所地管轄や不法行為地管轄（ただし通常，登録国が不法行為地となるであろう）が認められる。

侵害に対する差止訴訟の性質決定については争いがある（カードリーダー事件最判を参照）。民事訴訟法改正後の最判平成26年4月24日は、営業秘密の不正な開示および使用の差止請求に関する事件につき、「民事訴訟法3条の3第8号の『不法行為に関する訴え』は、……民法所定の不法行為に基づく訴えに限られるものではなく、違法行為により権利利益を侵害され、又は侵害されるおそれがある者が提起する差止請求に関する訴えをも含む」と判示した。

以上の最判の考えからすれば、知的財産権の侵害を理由とする差止めの訴えや損害賠償請求の訴えについては、不法行為の訴え（民訴法3条の3第8号）として不法行為地国の裁判所の管轄権に属することになり、侵害訴訟は登録国以外の国の裁判所で訴えを提起することも認められる。そのような訴訟の手続の中で、抗弁として特許の無効等（特許法104条の3に相当する抗弁）の主張ができるかは1つの問題である。

(8) 併合請求の管轄権（3条の6）

民事訴訟法3条の6は「一の訴えで数個の請求をする場合において、日本の裁判所が一の請求について管轄権を有し、他の請求について管轄権を有しないときは、当該一の請求と他の請求との間に密接な関連があるときに限り、日本の裁判所にその訴えを提起することができる。ただし、数人からの又は数人に対する訴えについては、第38条前段に定める場合に限る。」と定める。

本条は、客観的併合については密接関連性を要件としつつ、主観的併合については民訴法38条前段の場合に管轄権を認めるものである。密接関連性は、請求の趣旨の同一性、請求にかかる権利関係の同一性、請求の基礎となる事実関係の同一性、事実関係を証明する証拠関係の同一性などが総合的に考慮され決せられる。

ある請求（たとえば外国特許の有効確認訴訟）について法定専属管轄権が認められる場合（民訴法3条の5第3項参照）、3条の6の適用はない（同法3条の10参照）。よって併合された請求（たとえば外国特許の侵害訴訟）について我

が国管轄権が認められ，両請求に密接関連性があっても，特許有効確認訴訟につき我が国は管轄権を有しない。

3条の6の本文（密接関連性の要件）と但書（38条前段）との関係をどのように考えるかについては議論があるが，主観的併合の場合については但書が完結的に規律すると考えてよいであろう。

(9) 国際裁判管轄の合意（3条の7）

民事訴訟法3条の7は国際裁判管轄の合意について以下の通り規定する。

> 1　当事者は，合意により，いずれの国の裁判所に訴えを提起することができるかについて定めることができる。
> 2　前項の合意は，一定の法律関係に基づく訴えに関し，かつ，書面でしなければ，その効力を生じない。
> 3　第1項の合意がその内容を記録した電磁的記録（電子的方式，磁気的方式その他人の知覚によっては認識することができない方式で作られる記録であって，電子計算機による情報処理の用に供されるものをいう。以下同じ。）によってされたときは，その合意は，書面によってされたものとみなして，前項の規定を適用する。
> 4　外国の裁判所にのみ訴えを提起することができる旨の合意は，その裁判所が法律上又は事実上裁判権を行うことができないときは，これを援用することができない。

1項から4項までには国際裁判管轄の合意の方式や効力についての原則的な規定が置かれている。5項と6項には消費者契約に関する紛争と個別労働関係民事紛争を対象とする国際裁判管轄の合意に関する特則が置かれている（後述）。

a）管轄の合意の意義

管轄の合意は、「一定の法律関係」に基づく訴えに関する合意であり、いずれの国の裁判所に訴えを提起することができるかを定めることである（民訴法3条の7第1項・2項前段）。

合意管轄地以外の他の裁判所での訴え提起を許すかという観点からすると、これを認めない専属的管轄合意と、これを許す付加的（任意的）管轄合意とに区別されうる。我が国民事訴訟法には専属性・非専属性の推定規定はない。どちらであるかは合意の解釈によることになる。なおハーグ管轄合意条約3条bは明示の定めがない限り専属管轄とする旨の推定規定があるが、我が国民訴法はこれには従わなかった。

なお、事件と合意管轄地との間の関連性は不要である。むしろ中立的な第三国の法廷地が合意される例（たとえば金融関係であればロンドンなど）もある。

b）合意の準拠法

裁判管轄合意の成立及び効力の準拠法については通則法7条・8条によって決せられると解される。明示の選択がない場合は黙示の合意または最密接関係地によって決せられる。これについては議論が分かれており、仲裁合意の成立・効力準拠法に関する議論（169頁参照）と同様に、管轄合意の対象国の法とする見解と主契約の準拠法とする見解の対立がある。

c）専属的管轄合意の有効要件

外国裁判所に専属管轄を認める合意は、①日本の専属管轄に属する事件でないこと（民訴法3条の10）、②指定された外国の裁判所が、その外国法上、当該事件につき法律上・事実上裁判権を行うことができること（同法3条の7第4項）という2要件を満たせば原則として有効であるが、③「合意がはなはだしく不合理で公序法に違反する」場合を除くとされている。

①は民事訴訟法3条の10に対応した要件であり、②は消極的管轄抵触（当該外国裁判所に管轄権がなければ、どこの国の裁判所でも事件を受理してもらえ

ない状態が生じる）を防止する観点から認められる要件であり，民事訴訟法３条の７第４項に対応したものである。なお３条の７第４項は，たとえばその外国裁判所が管轄合意を有効として認めないなどの理由で訴えが却下される場合（「法律上」裁判権を行うことができないときの場合），戦争などで裁判所が機能していない場合（「事実上」裁判権を行うことができないときの場合）などが該当する。

　民事訴訟法に規定がないのが③の「合意がはなはだしく不合理で公序法に違反する」ことがないとの要件である。これは民訴法改正前のチサダネ号事件最判昭和50年11月28日で示された要件である。③で問われているのは，我が国の実体法上一定の強行法規が置かれている場合に，それが外国裁判所の管轄合意により潜脱されてしまうことの是非である。これは結局当該強行規定の解釈問題に帰する。当該強行規定が，外国裁判所の管轄合意により強行規定の適用を免れることをも禁ずる趣旨であれば（すなわち，合意した準拠法の内容にかかわらず常にその適用を強制する趣旨であれば），そのような管轄の合意は無効とされよう。ただし，これは絶対的強行法規の適用回避の場合に限られるべきである。我が国以外の国の裁判権を認める合意又はこれを排除する合意は，その外国法上有効でもその適用の結果が我が国公序に反する場合は通則法42条によって我が国法上は無効とされよう。

d）　３条の10・３条の９との関係

　民事訴訟法３条の10は「第３条の２から第３条の４まで及び第３条の６から前条までの規定は，訴えについて法令に日本の裁判所の管轄権の専属に関する定めがある場合には，適用しない。」と規定している。

　これは民事訴訟法３条の５が定める専属管轄ルールにより日本または外国の裁判所が専属管轄を有する場合には，同法３条の７を含む管轄の規定の適用が排除されるということである。よって，会社に関する訴え（同法３条の５第１項），登記登録に関する訴え（同条２項）および知的財産権に関する訴え（同条

3項）については，その要件を充たす場合，外国の裁判所を専属裁判管轄とする合意をしても日本の裁判所の専属管轄を排除できないことになる。

他方，特別事情に関する民事訴訟法3条の9は，括弧書きで我が国裁判所の専属管轄の合意に基づき日本に提訴された場合を排除している。つまり我が国裁判所は特別事情があるとして日本での提訴を却下できないことになっている。

e）　主契約との分離可能性

なお，主契約（売買契約やライセンス契約など）が不成立や無効である場合でもその中の管轄合意は当然には不存在・無効とはならない。

(10)　管轄合意の方式（3条の7第2項・3項）

民事訴訟法3条の7第2項・3項は，合意の方式について，書面（あるいは電磁的記録）により合意されていることを要件としている。書面性の要件について，合意の存在が書面で明らかであれば足りる（チサダネ号事件最判）とする見解が有力であるが，書面性に加えて両当事者の署名を要求する見解もある。しかし，常に署名を要求するのは実務上困難である（たとえば船荷証券の場合を想起せよ）。

(11)　応訴管轄（3条の8）

> 被告が日本の裁判所が管轄権を有しない旨の抗弁を提出しないで本案について弁論をし，又は弁論準備手続において申述をしたときは，裁判所は，管轄権を有する。

なお，我が国の法定専属管轄権が認められている場合には本条の適用はない（民訴法3条の10）。

⑿　「特別の事情」（3条の9）のアプローチ

　民事訴訟法3条の9は以下のように規定する。

> 　裁判所は，訴えについて日本の裁判所が管轄権を有することとなる場合（日本の裁判所にのみ訴えを提起することができる旨の合意に基づき訴えが提起された場合を除く。）においても，事案の性質，応訴による被告の負担の程度，証拠の所在地その他の事情を考慮して，日本の裁判所が審理及び裁判をすることが当事者間の衡平を害し，又は適正かつ迅速な審理の実現を妨げることとなる特別の事情があると認めるときは，その訴えの全部又は一部を却下することができる。

　我が国裁判所に管轄原因が存する場合であっても，日本に国際裁判管轄を認めることが具体的妥当性を欠くと考えられる場合に，当事者間の衡平，及び適正かつ迅速な審理の実現という観点から訴えを却下することができる（民訴法3条の9）。なお，括弧書きで日本での専属的合意管轄がある場合は除外されており，却下はできないことになる。これは日本での紛争解決の予見可能性を確保するためのものである。また，日本の法定専属管轄権がある場合も除外されている（同法3条の10参照）。

　「特別の事情」として考慮すべき要素が例示されている。「事案の性質」とは紛争に関する客観的事情をいう。請求の内容，契約地，事故発生地を総合的に考慮し，日本と事件との関連性が十分であるかを検討する。「応訴による被告の負担」においては，被告が資力の十分でない個人であるのか企業であるのか，法廷地たる日本への物理的・経済的・心理的アクセスが便宜であるのか否か等を考慮する。「証拠の所在地」は，当該訴訟における重要な証拠が日本国内に存するかを考慮する。証拠が外国に集中している場合，特別の事情ありとの判断がされることもあり得る。ただし，この判断に際しては，国際司法共助の利用可能性や，当該証拠が事件の本案における主たる争点に必要なものか否かなどが考慮されるべきである。

「特別の事情」の判断要素であるが，民事訴訟法3条の9で考慮すべき事情は，改正前の「特段の事情」論（たとえば前述のファミリー事件・最判平成9年11月11日）と大きな差異はないものと考えられる（さらに106頁参照）。なお，外国法が準拠法となる場合，これは訴えを却下する特別の事情となりえるかについては議論が分かれている。

⑬　国際的訴訟競合
a）　国際的訴訟競合の意義
　国際的訴訟競合とは，同一の事件が日本と外国の異なる裁判所に同時に係属している状態のことをいう。
　国際的訴訟競合は原告・被告共通型と原告・被告逆転型とが考えられるが，実務では後者が圧倒的に多い。原告・被告逆転型（対抗型訴訟ともいう）は，一般に外国法廷地での応訴が不便であることから生じるが，前訴における不利な展開を受けて，または不利な展開になることを懸念して，自己に有利な展開が予期できる国での提訴（通常は同一債務の不存在の確認を求めて提訴）を試みることもある。
　実務的には，アメリカでの民事裁判（前訴）における損害賠償額は多額になるおそれがあり，これに対抗して，日本でこの債務の不存在確認訴訟（後訴）を提起することが訴訟戦略として従来用いられてきた。日本での後訴で勝訴判決を得れば（被告（前訴原告）欠席による欠席判決を含む），これをもってアメリカの裁判所の判決を日本で承認・執行する際に防御となりうるからである（後述136頁の「内国判決との抵触」を参照）。
　なお前提として，我が国以外の地での専属的管轄合意をすると日本での対抗訴訟ができなくなるので注意が必要である。

b）　民事訴訟法142条との相違点
　我が国民事訴訟法142条は，「裁判所に係属する事件について」二重起訴を禁止する。ここにいう「裁判所」は，日本の裁判所を意味し，外国裁判所を含ま

ないとされる（判例，通説）。国際的二重起訴に関して，我が国は，外国と二国間ないし多国間条約を締結していない。したがって，国際的訴訟競合の問題に関しては，国際民事訴訟法独自の立場から解決するほかはない。

　国内の訴訟事件に関し二重起訴が禁止されていることと同様の趣旨で，矛盾判決の回避（外国判決の承認があれば矛盾した判決が存在することになる。これに対し，我が国の判決と矛盾する外国判決は公序に反し承認されないのであって（民訴法118条3号参照），そもそも既判力抵触の可能性はないとする反論がある），訴訟経済，相手方の応訴の負担〔複数国での訴訟〕を考慮して，国際的な訴訟競合も規制すべきではないのかと主張されてきた。他方で，国際訴訟競合の場合，移送するという選択肢がない，応訴の負担がより大きい，外国判決は我が国で承認されるとは限らないという相違点もある。

c）　国際的訴訟競合に関する議論

　外国の裁判所において同一の事件が係属した場合には，一定の要件の下で，日本の裁判所の訴訟手続を中止する旨の規定を設けるかどうかが立法の過程で議論された。しかし，外国の裁判所に訴訟が係属していることのみを根拠として訴訟手続を中止することは相当ではないことや，中止の決定に対する不服申立てを認めると手続が遅延するおそれがある一方，単に中止決定のみを認めて不服申立てを認めないことは当事者の手続権を害するおそれがあることなどが指摘され，結局立法には至らず，この問題はなお解釈運用に委ねられることになった。

　主たる論点は次の3つである。

　①国際的二重起訴の状態が発生した場合に，我が国での訴訟手続を規制する必要があるのか否か，そもそも外国での訴訟係属を日本の裁判所が考慮すべきかどうか。

　②規制の必要があるとして，国際的二重起訴の問題を民事訴訟法のいずれの局面で扱うのか，すなわち国際裁判管轄の決定においてか，それとも別の訴訟障害（たとえば訴えの利益）として扱うか。

③いかなる訴訟が規制の対象となり，どのような規制がなされるべきか，また規制する場合，内国訴訟は却下するのか中止するのか。

(i) 規制消極説

現在の国際的私法秩序のもとにおいては，国際的訴訟競合を容認せざるをえない（あるいは容認すべきである）とする規制消極論がある。いわゆる前訴優先原則（前訴係属により後訴は不適法とされる原則）は働かないと考える。

実際上，国内外の裁判制度に著しい相違がある場合（たとえば，アメリカの陪審制度，ディスカバリー，さらには裁判制度未発達国を想起せよ）に，法制度の違いから生じる当事者の利益を保護するため，内国での二重起訴を許容する必要性は否定できない。この立場は，外国の訴訟係属を考慮して日本の訴訟手続を制限する必要はなく，国際的訴訟競合の問題は，後に国内外で矛盾する判決が生じるに至ったときに，そのような矛盾する外国判決は承認・執行しないという扱いをすればよいとする。

しかしながら，我が国の外国判決の承認・執行制度は，内外判決の平等を基本として自動承認制度をとっているのであり，内外矛盾判決の場合，外国判決の承認・執行を常に拒否することにはならないとの批判がありうる。

(ii) 規制容認説

このような点を考慮し，先行する外国訴訟に鑑み内国訴訟に何らかの規制を加えようとする規制容認論が主張されている。これには大きく分けて2説ある。①"より適切な法廷地〔proper forum〕"での訴訟を優先させるべきであるとの立場（利益衡量説），②将来自国で承認・執行されるような判決に至ると予想される外国訴訟の係属がすでに生じている場合には判決の抵触をきたすおそれがある自国での後訴は訴えの利益なしとして認めるべきではないとの立場（承認予測説）である。

承認予測説に対しては，外国訴訟係属中には正確な承認予測が困難であり，これらの要件具備の確実性を要求することは実質的に規制消極説と異ならない

ことになってしまうとの批判がある。

　この2説は，どの段階で訴訟競合を検討するかにおいても異なっている。利益考量説によれば，国際裁判管轄を判断するさまざまな要素のひとつとして訴訟競合（外国訴訟の進行状況を含む）も考慮されるに過ぎず，総合的な利益衡量により唯一の「より適切な法廷地」を決定する。これに対し承認予測説は，国際裁判管轄とは別の訴訟要件として訴訟競合（民訴法142条類推）を検討することになる。

　以上の規制消極説・容認説の議論を検討すると，外国の裁判所における訴訟係属自体によって日本の裁判所の管轄権を否定することは相当でないが，訴訟競合の点は日本の管轄権を否定する特別の事情（民訴法3条の9）を検討する際の一要素として考慮するというのが解釈論としては妥当な線であろう。

⒁　管轄権が専属する場合の適用除外（3条の10）

　民事訴訟法3条の10は，管轄権が専属する場合の適用除外として，「第3条の2から第3条の4まで及び第3条の6から前条までの規定は，訴えについて法令に日本の裁判所の管轄権の専属に関する定めがある場合には，適用しない。」と規定する。

　法令に日本の裁判所の専属管轄権に関する定め（法定専属管轄権）がある訴え（民事訴訟法3条の5各項に規定されている訴え等）については，高い公益性が認められるため，任意管轄に関する諸規定よりも優先的に適用される。これは国内管轄に関する13条1項と同旨の規定である。

　民事訴訟法3条の10の適用の対象は，「訴えについて法令に日本の裁判所の管轄権の専属に関する定めがある場合」である。民事訴訟法上に規定がある場合として，会社の組織に関する訴え（民訴法3条の5第1項），登記または登録に関する訴え（同条2項），知的財産権の存否または効力に関する訴え（同条3項）があり，そのほか，他の法律において同種の定めがある訴えや解釈上これと同視される訴えも含まれる。

逆に，これらの規定を適用すれば日本の裁判所に管轄権が認められない場合には，民事訴訟法3条の2以下の規定によれば日本の裁判所に管轄権が認められることとなるときでも，日本の裁判所の管轄権は認められず，訴えが却下されることとなる。

本条の適用は法定専属管轄権の場合に限られ，合意による専属管轄（専属的合意管轄）の場合は含まれない。専属的合意管轄については，法定専属管轄権のような高い公益性は認められないので，任意管轄権に関する諸規定を包括的に排除するような強い効力を認めなかったものである。ただし，民事訴訟法3条の9については，専属的合意管轄がある場合について括弧書で個別に適用範囲から除外している。

本条によって適用が除外されているのは，一般的な管轄権に関する3条の2，特別の管轄権に関する3条の3，消費者契約・個別労働関係民事紛争に係る訴えの管轄権に関する3条の4，併合請求における管轄権に関する3条の6，管轄権の合意に関する3条の7，応訴による管轄権に関する3条の8および特別の事情による訴え却下に関する3条の9である。

⒂ 保全事件の国際裁判管轄

平成23年改正後の民事保全法11条は，「保全命令の申立ては，日本の裁判所に本案の訴えを提起することができるとき，又は仮に差し押さえるべき物若しくは係争物が日本国内にあるときに限り，することができる。」と定める。

したがって，仮に差し押さえるべき物若しくは係争物が日本に所在する場合，または差し押さえるべき物若しくは係争物が日本に所在しないが，日本の裁判所に本案の訴えを提起することができる場合に管轄権を有する。

改正前に，本案の管轄が認められない場合に本案についての外国判決が日本で執行される可能性が認められることを保全管轄の要件としていた裁判例があったが，差押え目的物又は係争物が日本国内に所在すれば十分であり，現在ではこの執行可能性の要件は基本的に不要となったと思われる。

III
外国判決の承認・執行

　国際取引においては外国の裁判所で判決をもらい，これを自国又は第三国で執行するという場面を想定せざるを得ないことが多い。外国判決の承認・執行は裁判手続の実効性を確保するために重要な仕組みである。

　契約が履行されないことを想定して，訴えの提起，その判決による強制執行を考えておくことは非常に重要である。特に，相手の責任財産が主としてA国に所在するとき，裁判を日本又はB国で行い勝訴判決を得たとしても，この勝訴判決がA国で有効か，換言すれば承認・執行されるかを事前に検討しておかなければ，A国で行った訴訟努力はすべて水泡に帰する。訴訟戦略は，出口である（外国）判決の承認・執行まで含めて計画しなければならないのである。

　なお，2015年10月，国際裁判管轄の合意に関するハーグ条約（Hague Convention on Choice of Court Agreements）が発効した。この条約の目的の一つは，当事者の合意した裁判所による判決を批准国において執行可能とすることにある。批准国は現時点でEU諸国，メキシコ，シンガポール等の30カ国程度に留まっており，日本は批准していない。

　本来外国判決は，日本においてなんら効力を有しないはずであるが，同一事件同一訴訟物につき日本で再度裁判をするよう当事者に要求するのは酷であることから，一定の要件を備えている外国裁判所の判決の効力を日本国内で承認し（自動承認制度），それに基づく執行を認めようとするものである。外国判決の承認・執行の要件を判断する際には，当該外国判決の内容に立ち入って，事実認定などの審理をしてはならない（実質的再審査の禁止〔民執法24条2項

参照〕)。

　外国判決の承認については民事訴訟法118条に明文規定が存し，承認要件として以下をあげる。①外国裁判所の確定判決であること（柱書），②外国の判決国裁判所に国際裁判管轄があったこと（1号），③適切な送達が敗訴被告に対してなされたこと（2号），④判決内容と訴訟手続が日本の公序に反しないこと（3号），⑤判決国と日本との間に相互保証があること（4号）。

　執行については，民事執行法24条2項（再審査禁止）・3項（民事訴訟法118条の要件具備）を定めている。

1　間接管轄（1号）

　外国判決を承認するための要件として，判決国が具備すべき国際裁判管轄権を間接管轄（または承認管轄）という。

(1)　「外国裁判所の裁判権が認められること」とあるが，管轄原因は判決国裁判所が依拠した管轄原因に従えばよく，改めて判断する必要はないか。我が国の基準により積極的に判決国の管轄の有無を判断すべきであると考える。これは「外国裁判所の裁判権が認められること」との文言からも首肯される。最判平成10年4月28日もこれを肯定する。

(2)　間接管轄を判断する場合その判断基準は何か。これについては見解の対立がある。

　直接管轄基準＝間接管轄基準とする立場（鏡像原則説）は，間接管轄の有無は直接管轄の基準によって判断されるべきであるとする。これに対し間接管轄権は直接管轄とは，別の基準で判断すべきであるとの立場（間接管轄独自説）が有力である。最判平成26年4月24日は「基本的に我が国の民事訴訟法の定める国際裁判管轄に関する規定に準拠しつつ，個々の事案における具体的事情に即して，外国裁判所の判決を我が国が承認するのが適当か否かという観点から，条理に照らして判断すべき」と判示するが，これは間接管轄独自説によるものとされている。

2　送達要件（2号）

　国際的な訴状の送達をするには国際司法共助が必要となり，民訴条約や送達条約等によることになる。この場合は外交手段をとることになり日数がかかる。たとえば東京地裁を専属管轄とする合意をした場合，東京地裁→東京高裁→最高裁→外務省→日本国領事館→外国の指定当局 or 中央当局→相手方，というプロセスで，外国側へ訴状が送達される（ただし，外国側での関係機関は手続により異なる）。

　最判平成10年4月28日判決によれば，本号の「送達」は，①被告が現実に訴訟手続の開始を了知することができること（了知可能性），②被告の防御権の行使に支障がないこと（防御可能性），③判決国と日本との間に司法共助に関する条約が締結されている場合当該条約に定められた方法によること，以上を要件とする。

　アメリカでは徹底した当事者主義が行われており，多くの場合裁判所を介さず，原告自らが被告に訴状を直接交付・直接郵送することによって送達がなされる。アメリカでの訴訟手続は日本のそれとは違うことにまず留意しなければならない。送達につき具体的に問題となったのは，弁護士による直接交付（上記最判平成10年4月28日はこれは不適法とする），郵便送達の場合である。ハーグ送達条約締約国であり，原告による郵送（直接郵送）が伝統的・原則的な送達方法であるアメリカから日本に訴状や呼出状が直接郵送されてきた場合には，日本は同条約10条 a 号の拒否宣言をしていないため，郵便送達を一律に不適法とするのは難しく，多くの下級審判決では翻訳文添付がある場合に適法としている（ただし，常に添付を求めているわけではない）。

3　公序要件（3号）

　外国判決の内容が我が国の法秩序の基本原則ないし基本理念と相いれない場

合には，3号の要件に反する。本案を再審査するものではなく，外国判決を受け入れた時に我が国公序良俗に反する結果となるときには承認しないということである。

(1) 懲罰的損害賠償の例

事例で考えてみよう。カリフォルニア州の裁判所は，日本法人Yに対して，補償的損害賠償（約42万ドル）に加え，懲罰的損害賠償（約112万ドル）の支払いを命じた。原告Xはこの判決につき日本で執行判決を求めた。認められるか。

懲罰的損害賠償（punitive damage）は，悪性の強い行為をした加害者に対し，実際に生じた損害の賠償（填補賠償）に加えて，加害者への制裁，また一般予防の観点から，懲罰的な損害賠償金の支払いを命じるものである。

懲罰的損害賠償を命じる外国判決は，承認の対象となる確定「判決」（118条柱書）つまり「民事判決」であるか否か（承認適格性の有無）という問題がまず生じる。民事判決に当たり承認適格を肯定したとして，次に懲罰的損害賠償は民事訴訟法118条3号の承認要件である「公序」に違反するかが問題となる。

最判平成9年7月11日は，前段の問いには答えず，後段につき，当該外国判決を受け入れると我が国の法秩序の基本理念と相いれないものとなるときに承認要件を満たさないとし，懲罰賠償制度はこれに当たり効力を有しないとした。

具体的には，①外国判決の承認結果の内国における異常性・重大性，②事案の国内牽連性という2つの要素を衡量して公序に反するか判断することになろう。

(2) 内国判決との抵触

国際的訴訟競合の場面において，外国判決の承認を求めてきた場合，内国判決との抵触をどのように考えるべきか。これは国際的訴訟競合の箇所（129頁）で提起した論点である。これには諸説があり，確定した判例・学説はいまだ存在しない。

内国確定判決さえあれば，判決の言渡し・確定の前後を問わず，これに抵触

する外国判決の承認を拒否する見解がある（大阪地判昭和52年12月22日）。内外判決の抵触を外国判決の承認要件の公序の問題ととらえる。しかし，これに対しては内国での国際的二重起訴がいたずらに助長されるとの批判がある。

また民事訴訟法118条3号の手続的公序の問題とする見解もある。これは，外国判決が内国確定判決を無視して成立した場合（外国訴訟の係属が先であっても）同法118条3号の手続的公序違反となるという説や承認請求の時点で内国確定判決があれば外国判決は承認拒否しそうでなければ承認するという説に分かれる。

以上に対し，民事訴訟法118条3号は内外判決相互間の優劣を規定していないので，両判決はいずれも内国で効力を有することとなり，したがって判決相互間の抵触の問題として既判力抵触の一般原則によって処理されるべきと説く見解がある。この中でも諸説があるが，民事訴訟法338条1項10号の趣旨などを踏まえ，内外判決のうち，先に確定した方を優先させるべきとする説がある。具体的には，内国判決が先に確定した場合には公序に反する（民訴法118条3号）ことを理由として外国判決の承認を拒否することになり，外国判決が先に確定した場合には内国判決との抵触それ自体は公序違反とはならず，内国判決を再審の訴え（民訴法338条1項10号）により取り消すこととなるとする。

4　相互の保証（4号）

4号は，相互の保証がある場合にのみ外国判決の承認を認めると定める。この相互保証があるかは条約で定められている訳ではないため調査が必要になり，この調査は面倒でありリスクがある。外国仲裁判断の承認・執行についてはニューヨーク条約があることと大きく異っている。最判昭和58年6月7日は，外国判決の承認の要件が，日本のそれと重要な点で異ならず，実質的に同等であれば，「相互の保証」があるとした。中華人民共和国において，我が国の裁判所の判決が重要な点で異ならない条件のもとに効力を有するものとまで認めることはできないとした裁判例がある（大阪高判平成15年4月9日）。

IV

契約類型ごとの検討

1　動産売買

　国際裁判管轄の合意がない場合の動産売買契約特有の管轄問題について述べておく。

　ここで関連する民事訴訟法3条の3第1号は，動産売買契約についてみれば，契約上の債務の履行の請求を目的とする訴え，又は契約上の債務の不履行による損害賠償の請求その他契約上の債務に関する請求を目的とする訴えに限定され，さらに契約で定められた債務履行地が日本国内にあるとき又は契約で選択された準拠法によれば債務履行地が日本国内にあるときに限られる。

　典型的には，たとえば横浜港渡しとする貨物が引き渡されない場合の引渡し請求の訴えや，代金が不払いの場合の代金請求の訴えである。なお，一契約上複数の債務の履行が問題となる場合，それぞれの債務ごとに管轄権の有無が判断される。たとえば貨物の引渡地が日本でなく，代金支払地が日本である場合には，日本の裁判所は貨物の引渡し請求訴訟の管轄権を有しない。詳しくは債務履行地管轄の箇所（112頁～114頁）を参照願いたい。

　なお，民事訴訟法改正前のものであるが，売主である日本の法人が，その買主である中華人民共和国の法人の依頼を受けて信用状を開設した同国の銀行に対して当該信用状に係る支払いを日本において求めた訴訟で，「義務履行地」（民訴法5条1号）を根拠に日本の国際裁判管轄を認めた裁判例がある。

さらに財産所在地管轄（民訴法3条の3第3号）が生じる可能性もある。これは請求の目的が日本国内にあるとき又は代金の支払いを請求する場合に差押え可能財産が日本国内にあるときに認められる管轄である。

2　消費者契約

民事訴訟法は，同法3条の4で，消費者契約と労働契約について，通則法の規定と同様，国際裁判管轄につき特別の規定を置いている。

> 1　消費者（個人（事業として又は事業のために契約の当事者となる場合におけるものを除く。）をいう。以下同じ。）と事業者（法人その他の社団又は財団及び事業として又は事業のために契約の当事者となる場合における個人をいう。以下同じ。）との間で締結される契約（労働契約を除く。以下「消費者契約」という。）に関する消費者からの事業者に対する訴えは，訴えの提起の時又は消費者契約の締結の時における消費者の住所が日本国内にあるときは，日本の裁判所に提起することができる。
> 2　労働契約の存否その他の労働関係に関する事項について個々の労働者と事業主との間に生じた民事に関する紛争（以下「個別労働関係民事紛争」という。）に関する労働者からの事業主に対する訴えは，個別労働関係民事紛争に係る労働契約における労務の提供の地（その地が定まっていない場合にあっては，労働者を雇い入れた事業所の所在地）が日本国内にあるときは，日本の裁判所に提起することができる。
> 3　消費者契約に関する事業者からの消費者に対する訴え及び個別労働関係民事紛争に関する事業主からの労働者に対する訴えについては，前条の規定は，適用しない。

さらに3条の7第5項・6項（管轄合意）として以下のように規定する。

> 5 将来において生ずる消費者契約に関する紛争を対象とする第1項の合意は，次に掲げる場合に限り，その効力を有する。
> 一 消費者契約の締結の時において消費者が住所を有していた国の裁判所に訴えを提起することができる旨の合意（その国の裁判所にのみ訴えを提起することができる旨の合意については，次号に掲げる場合を除き，その国以外の国の裁判所にも訴えを提起することを妨げない旨の合意とみなす。）であるとき。
> 二 消費者が当該合意に基づき合意された国の裁判所に訴えを提起したとき，又は事業者が日本若しくは外国の裁判所に訴えを提起した場合において，消費者が当該合意を援用したとき。
> 6 将来において生ずる個別労働関係民事紛争を対象とする第1項の合意は，次に掲げる場合に限り，その効力を有する。
> 一 労働契約の終了の時にされた合意であって，その時における労務の提供の地がある国の裁判所に訴えを提起することができる旨を定めたもの（その国の裁判所にのみ訴えを提起することができる旨の合意については，次号に掲げる場合を除き，その国以外の国の裁判所にも訴えを提起することを妨げない旨の合意とみなす。）であるとき。
> 二 労働者が当該合意に基づき合意された国の裁判所に訴えを提起したとき，又は事業主が日本若しくは外国の裁判所に訴えを提起した場合において，労働者が当該合意を援用したとき。

(1) 管轄合意がない場合

まず，消費者契約事件についての国際裁判管轄に関する特則が，民事訴訟法3条の4第1項・3項（管轄の合意がない場合）および同法3条の7第5項（管轄の合意がある場合）に規定がある。同法3条の4第1項は消費者からの事業者に対する訴え，同条3項は事業者からの消費者に対する訴えを規定する。

同法3条の7第5項は消費者契約に関する合意管轄を規定する。

民事訴訟法3条の4第1項は，消費者は，契約締結時には日本に住んでいなくとも，その後転居して日本に住所を有するに至ると日本で提訴することが可能となる。これは消費者の便宜のためである。同条1項は，消費者が通則法11条6項各号にあたる場合（たとえば能動的消費者にあたる場合）であっても適用される。ただし，特別の事情による訴え却下（民訴法3条の9）の余地はある。民事訴訟法3条の4第3項は，事業者からの提訴につき，同法3条の3の適用を排除しているので，たとえば債務履行地，不法行為地，財産所在地等の特別管轄権は認められない。

(2) 管轄合意がある場合

紛争が生じる前の管轄合意につき，民事訴訟法3条の7第5項の1号は合意された国の裁判所に訴えを提起する場合，2号は消費者が管轄合意を利用（前段）または援用（後段）する場合を規定し，いずれかの場合にのみ管轄合意は有効とする。

他方，紛争が生じた後になされた事後的な国際裁判管轄の合意は基本的に有効である（5項柱書で「将来において生ずる」の反対解釈）。紛争が生じた後であれば，消費者としても，管轄について慎重に判断したうえで合意することが期待されるからである。

a) 3条の7第5項1号（消費者の住所地国の管轄の合意）について

消費者契約締結時の消費者の住所地国への提訴を可能とする非専属的（付加的）合意管轄を認めた。1号が契約締結時の消費者の住所を指定する合意だけを挙げているのは，訴え提起時に消費者の住所が日本にあれば，民事訴訟法3条の2（事業者からの提訴）や同法3条の4第1項（消費者からの提訴）により日本の裁判所に管轄が認められること，また住所を有していた国の法制・取引慣習などは知っているはずなので消費者にとってその国での応訴はそれほど酷ではないことを理由とする。いずれにしても民事訴訟法3条の7第5項の解

釈は難しいので，設例に基づき説明する。

[設問]
(1) 日本の事業者と日本に住所を有する消費者がローン契約を締結し，日本の専属的管轄合意をした。その後消費者が外国Aに移住した。事業者は日本で貸金返還請求の訴えを提起した。
(2) 日本の事業者とアメリカに住所を有する消費者がローン契約を締結し，アメリカの専属的管轄合意をした。その後，消費者が日本に移住した。消費者は日本で貸金返還義務不存在確認の訴えを提起した。

設問(1)で訴えは適法である。民事訴訟法3条の7第5項1号によれば，消費者契約締結の際，消費者の住所が日本国内にあり，事業者と消費者が，日本の裁判所を管轄裁判所とする国際裁判管轄の合意をした場合には，訴え提起時にその消費者の住所が外国にあったとしても，その合意は効力を有することとなるため，その事業者は，その合意に基づき我が国裁判所に訴えを提起することができる。

設問(2)については，民事訴訟法3条の7第5項1号については付加的管轄合意として有効となる。外国の裁判所を専属管轄裁判所とする国際裁判管轄の合意が存在し，その合意が有効であったとしても，日本の民事訴訟法3条の2・3条の3・3条の4第1項等の要件を満たす場合には，消費者は日本の裁判所に訴えを提起することができる。したがって設問(2)は適法である。なお，事業者が訴えを提起する場合も，民事訴訟法3条の2の規定により，日本の裁判所に訴えを提起することは妨げられない。

b) 3条の7第5項2号（消費者が合意管轄を利用・援用する場合）について

民事訴訟法3条の7第5項2号は，国際裁判管轄の合意を有効なものとして消費者がこれを利用や援用するなどした場合には，合意に完全な効力を認めたとしても消費者の利益を損なうことはないと考えられることに基づくものであ

る（以下の設問は佐藤達文＝小林康彦『一問一答　平成23年民事訴訟法等改正―国際裁判管轄法制の整備』（商事法務，2012年）147～148頁を参考にした）。

[設問]
(1) 2号前段の例
　① 消費者が，日本の裁判所を管轄裁判所とする国際裁判管轄の合意に基づき，日本の裁判所に訴えを提起した。
　② 消費者と事業者との間に，外国の裁判所を管轄裁判所とする専属的管轄の合意があり，消費者がその合意に基づき外国の裁判所に訴えを提起した後に，民訴法3条の4第1項に基づいて日本の裁判所に訴えを提起した。
(2) 2号後段の例
　① 事業者が民訴法3条の2の規定に基づいて日本の裁判所に訴えを提起したのに対して，消費者が，外国の裁判所を管轄裁判所とする専属的管轄の合意を援用し，日本の裁判所は管轄権を有しない旨の本案前の抗弁を提出した。
　② 事業者が外国の裁判所に訴えを提起したのに対して，消費者が，当該外国の裁判所において，日本の裁判所を管轄裁判所とする専属的管轄の合意を援用し，訴えが却下されたことから，事業者が当該合意に基づき日本の裁判所に訴えを提起した。

　2号は，前段として(1)消費者が，国際裁判管轄の合意に基づき，合意された国の裁判所に訴えを提起したとき，後段として(2)事業者が訴えを提起した場合において，消費者が国際裁判管轄の合意を援用したとき，その合意は効力を有すると定めている。

　設問(1)は，消費者が①日本の裁判所に訴えを提起する場合と，②外国の裁判所に訴えを提起する場合を問うている。

　設問(2)は，事業者が訴えを提起した際に，消費者が国際裁判管轄の合意を援

用する局面であり，①日本の裁判所に訴えが提起された場合と，②外国の裁判所に訴えが提起された場合を問うている。

設問(1)①は2号前段により適法である。(1)②は消費者はいったん専属的管轄の合意に基づき外国の裁判所に訴えを提起した以上もはや日本の裁判所は管轄権を有しないこととなる。

設問(2)①は2号後段により不適法却下となろう。(2)②は，消費者は，当該専属的管轄の合意をすでに援用しているので，もはや当該合意が無効である旨の主張をすることはできず，日本の裁判所が管轄権を有することとなる（以上，前掲佐藤＝小林・一問一答148頁参照）。

3 労働契約

労働契約については，民事訴訟法の規定のほかに，仲裁においても労働者保護の観点から特例を置いていることに注意すべきである（仲裁法附則4条）。

(1) 管轄合意がない場合

まず，労働契約事件につき国際裁判管轄の管轄合意がない場合についての労働紛争の特例につき述べる。労働者からの事業主に対する訴えについては，民事訴訟法3条の4第2項が規定している。「個別労働関係民事紛争」に関する労働者から事業主に対する訴えは，個別労働関係民事紛争に係る労働契約における労務の提供の地（その地が定まっていない場合にあっては，労働者を雇い入れた事業所の所在地）が日本国内にある場合，日本の裁判所に提起することができる。「労務の提供の地」は，特定されていれば複数あってもよい（通則法12条2項は1つに特定せよとする）。労務提供地はどの時点でのものか。原則は訴えの提起の時であろう（民訴法3条の12）。

他方で，個別労働関係民事紛争に関する事業主からの労働者に対する訴えについては，民事訴訟法3条の3の適用は排除されている（民訴法3条の4第3項）。すなわち，事業主からの訴えでは，労働契約の債務履行地，不法行為地，

財産所在地等の管轄権は認められない。労働者の住所地管轄（同法3条の2第1項）は可能なので，原則として被告の住所地となる。

(2) 管轄合意がある場合

合意管轄については，消費者契約と同様に，特別規定（民訴法3条の7第6項）が置かれた。紛争が生じた後にされた合意については，その効力について限定をする必要はないが，将来の紛争については，事業主・労働者の力関係から，原則として効力を有しないとしたうえで，例外的にその合意が効力を有するとした。

民事訴訟法3条の7第6項1号は労働契約終了時になされた管轄合意の場合（たとえば，退職金支払いや競業禁止の合意をする際になされる）につき規定しており，終了時の労務提供地国の管轄の合意に限り，かつそれを付加的（非専属的）な管轄合意としてのみ有効とする。

たとえば，日本の事業主に対してB国で労務を提供していた労働者が，雇用契約終了に際して，B国の専属的管轄の合意をした。その後，労働者が事業主に対して，未払い賃金の支払いを求めて日本で訴えを提起した場合，付加的合意と解釈されるので，事業主はB国の専属管轄合意を主張して日本の管轄権を争えない。労働者が最後の労務提供地のB国を出国した後にB国での応訴を強いることは負担が大きいとされたからである。このように日本で訴訟が起きた場合，労働契約における管轄合意は限定的な効果しかもたない。

労務の提供前に締結する労働契約に管轄の合意をする場合に同条6項2号が適用され，労働者が当該管轄合意を利用しまたは援用する場合にのみ有効となる。これは労働者と事業主との力関係から管轄合意を拒否・修正することは実際困難なので，事前の管轄合意の有効性を制限する趣旨である。

[設問]
(1) 日本の企業Xは，日本で勤務していたその労働者Yとの間で，労働契約の終了時に競業禁止の合意をし，その中で日本の専属的管轄の合意を

していた。ところが，Yは甲国のライバル企業Zに引き抜かれ，甲国に住所を移して，現在，Zの本社甲国で勤務している。Xはこれを競業禁止義務違反に当たるとして，Yに対して日本で提訴した。

(2)　日本の事業主に対してアメリカで労務を提供していた労働者が，労働契約終了に際して，アメリカの専属的管轄合意をした。その後，日本へ帰国した労働者は，事業主に対して，退職金の支払いを求めて日本で訴えを提起した。事業主はアメリカの専属的管轄合意を援用して日本の管轄権を争うことができるか。

　設問(1)は，民事訴訟法3条の7第6項1号でXの訴えは適法である。この規定は，労働契約終了後に労働者の不正（横領，秘密漏洩など）が発覚し事業者が提訴する場面で，労働者が労務提供地である日本を出国し他国に移っているときに，3条の4第3項によれば原則として日本の管轄権は否定されるが，本号の管轄合意で日本で提訴できることになる。これは，労働契約終了時に合意がされた場合には，労働者と事業主との交渉上の格差は労働契約継続中に比べて小さいこと，最後の労務提供地国が指定された場合に限られているので，応訴の負担は労働者にとって甘受しうること，などが理由とされる。ただし，労働者の日本における応訴が困難な事案では，特別の事情による訴え却下（民訴法3条の9）の余地がある。

　設問(2)は，同1号で，この管轄合意は付加的管轄合意として有効である。外国の裁判所を専属管轄裁判所とする合意が存在し，その合意が有効であったとしても，民事訴訟法3条の2・3条の3・3条の4第2項等の要件を満たす場合には，労働者は日本の裁判所に訴えを提起することができる（前述の消費者契約の該当部分参照）。よって，日本の管轄権を争うことはできない。

　3条の7第6項2号の構造は，消費者契約に関する3条の7第5項2号のそれと同じである。上記の消費者契約の設問（143頁）を参照してほしい。

4 保証

　保証人に対する保証債務請求の管轄原因としては、①債務履行地管轄（民訴法3条の3第1号）および②主観的併合管轄（同法3条の6）が考えられる。
　①における保証債務の履行地は、別途合意がない限り、主債務のそれと同じ場所とされるべきであり、持参債務（または送金）とする主債務の履行地が東京であるなら、保証債務の履行地も東京となる。②につき主債務請求と保証債務請求とは主観的併合管轄が認められるべきである。主債務につき我が国に裁判管轄が認められれば、保証債務についても主観的併合管轄を理由に我が国の国際裁判管轄が認められるべきである。主観的併合管轄につき若干敷衍する。
　民事訴訟法38条前段は、共通の権利義務（訴訟の目的である権利又は義務が数人について共通であるとき）または同一の原因（各請求を理由づける原因事実が、その主要部分において同一であり、かつ、その法的根拠も基本的に同一であるとき）を対象としており、たとえば債権者の主債務者と保証人に対する請求や共同不法行為者に対する損害賠償請求が含まれる。
　他方で、後段の規定する同種権利義務・同種原因（訴訟の目的である権利又は義務が同種であって事実上及び法律上同種の原因に基づくとき）は対象とされない（民訴法3条の6但書）。被告が自己に対する請求と関連を有しない地で応訴を強いられるおそれがあるので限定が加えられた。もちろん、この管轄権が肯定されても「特別の事情」があれば却下される（同法3条の9）。

5　知的財産権に関する国際裁判管轄

　設定に登録を要する知的財産権の存否や効力に関する訴えは、登録国が日本の場合、日本の裁判所が専属管轄権を有する（民訴法3条の5第3項）。設定の登録により発生する知的財産権は各国の行政処分により付与されることも多く、その権利の存否や有効性については、登録国の裁判所が最も適切に判断するこ

とができると考えられている（特許法180条の2参照）。

　他方で，登録知的財産権の侵害に関する損害賠償請求については登録国の専属管轄は認められていない。たとえば，A国特許権の侵害を理由とする差止請求や損害賠償請求の訴訟についてB国裁判所が国際裁判管轄権を有するかは難しい問題である（民訴法改正前のカードリーダー事件最判平成14年9月26日は，日本に所在の被告によるアメリカ特許権侵害につき我が国裁判所が管轄権を有することを前提としており，登録国アメリカに専属するとしていない）。

　外国に所在の被告による日本の特許権侵害につき我が国裁判所は管轄権を有するか。これは専ら不法行為管轄の問題となる。知的財産権に関する差止請求訴訟は不法行為に関する訴えか，知的財産権の効力に関する訴えか，その性質決定に争いがある。営業秘密の不正な開示・使用の差止請求事件で，民事訴訟法3条の3第8号の「不法行為に関する訴え」は，民事訴訟法5条9号の「不法行為に関する訴え」と同じく，民法所定の不法行為に基づく訴えに限られるものではなく，違法行為により権利利益を侵害された者が提起する差止請求訴訟をも含むとされている（最判平成26年4月24日）。

V
国際裁判管轄のドラフティング

1　国際裁判管轄

　国際的な裁判管轄については，各国の国際民事訴訟法によることになる。したがって日本に国際的な裁判管轄があるか否かを判断するには，日本の民事訴訟法に置かれた国際裁判管轄の規定によらなければならない。

　日本では管轄合意の方式有効性については民事訴訟法3条の7によることになり，契約条項を規定するときはこれに留意すべきである。管轄の合意がなければ，日本であれば，民事訴訟法3条の2が定める一般裁判管轄のほか，同法3条の3以下に規定する特別管轄権に従うこととなる。

　なお，国際取引契約書において，国際裁判管轄の合意と日本国内の管轄裁判所に関する合意が明確に分けて規定されているとは限らない。管轄裁判所を東京地方裁判所とする条項の場合には，訴えを提起することのできる裁判所の属する国を日本とする合意（民訴法3条の7）と，国内の管轄裁判所を東京地方裁判所とする合意（同法11条）の2つが含まれていると解される。

2　国際裁判管轄地の選択の観点

　国際取引の当事者は，いずれも自国の裁判所の管轄を主張するので，国際裁判管轄の合意ができない事態が生じる。

この場合の妥協策として，第三国の裁判所を指定したり，訴えられるほうの当事者の属する国の裁判所を指定したりすることがある。後者の場合を，クロス方式または被告地主義と呼ぶ。この方式は両当事者にとって公平であるという点で推薦されることが多い。しかし，相手国（さらには第三国）の司法制度は信頼できるものかが問題となる。

また，準拠法と国際裁判管轄がセットで争いになるため，妥協の産物として，たとえば，準拠法は日本，管轄裁判所は外国裁判所とする例がある。この場合，その外国裁判所が信頼できるものかがやはり問題となる。

発展途上国の中には，法制度や裁判制度が整備されていなかったり，自国に有利に機能していたりすることがある。裁判官が公平な判断をするとは限らないし，裁判官の汚職が見られる場合もある。また裁判例の蓄積がない国では裁判の結論の見通しがつきにくい。さらに，現地で外国人弁護士に委任することになるが，その際のコミュニケーションの負担は大きい。

信頼できない裁判制度の下で訴訟を戦うことのリスクは高い。したがって，このような場合，裁判管轄は自国がよいし，少なくとも信頼できる第三国で管轄合意したほうが良い。準拠法と管轄裁判所のどちらかを譲歩するとすれば，上記の事情の下では，管轄裁判所をとる方がよい。さらに裁判管轄を信頼できない相手国の裁判所とするくらいなら，管轄裁判所を決めずにおいた方がよい（前述の対抗訴訟の項を参照）。

3 専属的管轄

裁判管轄の合意をするにあたって専属的管轄か非専属的管轄か，どちらにすべきか。まず，契約条項上どちらか判別し難い場合に，事後的にどちらと解釈すべきかについて裁判例は分かれている。したがって，条項には専属（exclusive）か非専属（non-exclusive）か明示すべきである。非専属的管轄は付加的な管轄の合意と解釈される。専属的管轄とする場合に注意すべき点は，外国裁判所のみに提訴できる旨の合意の要件は，当該外国裁判所が法律上も事実上も

裁判権を行うことができることである（民訴法3条の7第4項）。

仮に専属的な裁判管轄を定めると，当然ながら他の国の裁判所に訴えを提起できなくなる。そうすると，防御的に，いわゆる対抗訴訟を我が国で提起する可能性はなくなる。したがって，これに十分留意して専属管轄とするか否かを決定すべきである。不利な国での専属管轄を規定するくらいであればあえて裁判管轄（仲裁も）をまったく規定しないのも実務的には有益な対処法である（もちろん，我が国に民事訴訟法3条の3以下の特別管轄原因があることが前提である）。

どこの国の裁判所を専属管轄とするかは前述の通り悩ましい問題である。その裁判所の判決を他国で執行できるかどうかという観点も決定的に重要である。合意した管轄地において勝訴判決を得て，その国においてそれを執行することで完結する場合は問題は少ない。しかしながらその勝訴判決を外国において執行しなければならない場合は，その外国における「外国判決の承認・執行」の問題に直面することになる。

そこで問題となるのが相互保証の要件である。日本では民事訴訟法118条4号に規定がある。この相互保証がどこの国とあるかは条約を見てもわかるわけではない。日本において相互保証があると判断された国は，アメリカのカリフォルニア州，ハワイ州等，香港，スイスのチューリッヒ州，オーストラリアのクイーンズランド州，ドイツなどである。これらは判例等を調べなければわからない。

いずれにしても外国裁判所の勝訴判決の承認・執行の必要性が見込まれる場合に，相互保証がない国の裁判管轄の合意をする事態は回避しなければならない。

Jurisdiction

Any dispute arising out of, or in relation to this Agreement shall be subject to the exclusive jurisdiction of the Tokyo District Court.

> **裁判管轄**
> 本契約から発生する一切の紛争は、東京地方裁判所の専属管轄権に服するものとする。

「本契約に関する訴え」と規定することにより、「一定の法律関係」の要件（民訴法3条の7第2項）を満たすことになる。この例文で exclusive を non-exclusive に代えれば、非専属的となる。

被告の国で裁判を求めるクロス方式の裁判管轄の条項もありえる。下記は売主が日本企業、買主がニューヨーク州法人の例である。本書「第3部　仲裁」の項（199頁）も参照のこと。クロス方式の場合でも、相手方の地の裁判制度に信頼性がないときは、避けた方がよい。

> Any legal action taken by Buyer against Seller shall be brought in the Tokyo District Count. Any legal action taken by the Seller against the Buyer shall be brought in a court of State of New York having competent jurisdiction over the Buyer.
>
> 買主が売主に対して提起する訴訟は、東京地裁に提起するものとする。売主が買主に対し呈する訴訟は、買主に対し適法な管轄権を有するニューヨーク州の裁判所に提起するものとする。

上記に続けて保全処分の規定を定めるとすれば、以下のようになろう。

> ……;provided, however, that nothing herein contained shall prevent either party from obtaining any preliminary injunctive relief or other similar relief which may be available to it in the courts of any country in the Territory, and the other party hereby agrees to submit to the jurisdiction of any such court.

> ……ただしこの規定は，各当事者が本地域の国の裁判所で得られる暫定的差止命令または他の類似の救済を当該裁判所から得ることを妨げないものとし，他方当事者は本契約によりかかる裁判所の管轄権に服することに合意する。

4　送達代理人

　裁判管轄の条項に送達受取代理人を定めることがある。送達代理人とは，裁判所から送達される訴状や呼び出し状を受領する権限を有する代理人である。通常は会社の本拠地の国以外で裁判を起こしやすくするため指定される。

　国際的な訴状の送達については前述（135頁）したが，外国会社に日本での送達（受領）代理人がいれば，送達条約等による時間のかかる手続を取らずに，当該送達代理人に対し訴状を送達をすれば効果が生じることになる。これはアメリカなど裁判手続が当事者主義でなされる国においては効果的に機能する。

　しかしながら日本においてはそうは行かない。原告が訴状を裁判所に提出した後，第一回期日の相談の際に，送達代理人の合意の存在を書記官に説明し，裁判所として被告からの送達場所及び送達受取人の届け出を待って，その者に送達をすることになろう（道垣内正人『国際契約実務のための予防法学─準拠法・裁判管轄・仲裁条項』232頁（商事法務，2012））。ただし，これは被告がこの合意を遵守することが前提となる。被告がこれに反する態度をとれば，原則に戻って送達条約等による送達をせざるを得ないことになる。

> ……ABC Corporation hereby irrevocably designates, appoints and authorizes, as process agent, Mr. XX and/or YY, attorneys-at-law of the law offices of AA for the purpose of accept of service of any process or any other documents relating to said legal proceeding.

……ABC 社は，上記法的手続に関連して訴状又はその他の書類の送達を受領するため，AA 事務所の弁護士 XX と YY を送達代理人に指名し任命し授権するものとし，これは取消し不能とする。

5 裁判権免除の放棄条項

民事裁判権法により，書面による合意がある場合（民事裁判権法5条1項2号）や商業的取引の場合（同法8条1項）について外国国家は我が国の裁判権から免除されない。商業的取引か否かは行為の性質によって決することになるが，安全のために同法5条の合意をしておくべきである。契約に日本の裁判管轄の合意条項があれば免除放棄の効果が認められる。なお，日本法を準拠法とする合意をしても，これにより免除を放棄したことにはならない（同法5条2項）。さらに，外国政府を執行権に服させるためには，別途に書面による合意（同法17条1項3号）を得ておかないと，勝訴判決を得てもそれを執行できないことになるので注意が必要である（同法17条3項）。

Waiver of Sovereign Immunity

XYZ National Corporation hereby irrevocably agrees not to claim and hereby irrevocably waives in any proceedings for the enforcement of this Agreement, any and all privileges or sovereign immunity, including the privilege of sovereign immunity from suit or immunity of the property from attachment or execution, to which it may be entitled under international or domestic laws, as a procedural defense or otherwise.

国家主権免除の放棄

ＸＹＺ国営会社は，抗弁その他として当該会社が国際法又は国内法により有する一切の特権又は主権免除を，いかなる手続においても，本契約の執

行のため，主張せずまた放棄するものとし，これらは取消不能とする。これには訴訟からの主権免除の特権及び財産の差押え又は強制執行からの主権免除が含まれる。

第3部

仲 裁

総　論

1　仲裁の意義

　仲裁とは，当事者間の合意（仲裁合意）で，一定の紛争を中立的な第三者（仲裁人）の解決に委ね，その判断（仲裁判断）に従うことによって裁判外で紛争を解決する手続をいう。

　すなわち，仲裁は，①第三者（仲裁人）に紛争の解決を委ね，②その第三者の判断（仲裁判断）に終局的に服することを中核とする。私的な紛争解決たる仲裁が機能するかは，仲裁判断に国家権力による強制の後ろ盾があることが重要である。国連国際商取引委員会の1985年の「国際商事仲裁モデル」（UNCITRAL モデル仲裁法）をもとに，2003年に「仲裁法」が制定された。仲裁法により仲裁判断には判決と同一の効力が与えられている（仲裁法45条1項参照）。国際商事仲裁という点をとれば，1958年の「外国仲裁判断の承認及び執行に関する条約」（以下「ニューヨーク条約」という。2014年2月現在，加盟国149カ国）をはじめとする二国間・多国間条約が整備されており，外国仲裁判断の承認・執行は外国判決のそれ（承認・執行の相互保証の問題）に比べ予見可能性・確実性が高いこともあり大いに利用されている。また，仲裁合意がある場合これが妨訴抗弁としてはたらくことにより自主的な紛争解決としての実を上げている（仲裁法14条1項）。

　以下，仲裁法とニューヨーク条約の適用を適宜示しながら論じることとする。

2　仲裁と裁判のメリット・デメリット

　仲裁と裁判のどちらを選択するかであるが，その長所と短所は表裏の関係にある。裁判は裁判官を選べない，仲裁は仲裁人を選ぶことができる。裁判は公開が原則であるが仲裁は非公開であり，守秘義務を課すことができる。裁判は法律の専門家である裁判官が審理する。仲裁人は法律の専門家ではない可能性もある。しかし法律問題ではない事案，たとえば海難事故などでは法律的な知識はそれほど重要ではないかもしれない。裁判は少なくとも二審が保障されている。しかし仲裁は一回限りであり不服申立による是正の機会がないし，また仲裁判断の内容が不当であっても裁判で無効確認をすることは困難である。時間と融通性の観点から言えば仲裁に分があるかもしれない。しかし，近年，仲裁手続が専門化・複雑化してきたことにより裁判寄りに変化している。仲裁の利点として，仲裁手続は柔軟で当事者が手続自体を選択・支配できる。当事者が仲裁人を選任でき，また，仲裁地，仲裁規則及び使用言語も当事者の合意で自由に行うことができる。公表されている仲裁判断が少ないため，仲裁判断の予測可能性が低いことは仲裁の短所としてあげられよう。

　しかし仲裁の一番の長所は外国の仲裁判断の承認・執行の点であり，これはニューヨーク条約の適用によりある程度保障されていることである（なお「国際裁判管轄の合意に関するハーグ条約」120頁参照）。

　費用についてWEBから計算できるところでは次頁の表の通りである（請求額100万米ドルと1億円の場合の事案について）。仲裁費用は，仲裁人報酬と管理費用に分かれている仲裁機関が多い。なお我が国での訴訟費用（いわゆる申立手数料）は訴額1億円の場合32万円とかなり低額である。

	仲裁人1人の場合の報酬と管理費用	仲裁人3人の場合の報酬と管理費用
国際商業会議所（ICC）	62,714米ドル	141,472米ドル
日本商事仲裁協会（JCAA）	5,565,000円	11,445,000円

＊ ICC Cost Calculator; JCAA 料金規程による。

II 仲裁に関する論点

1 常設仲裁機関

　仲裁には，個別（ad hoc）仲裁のほかに機関仲裁があるが，常設の仲裁機関として，国際商業会議所（International Chamber of Commerce, ICC），アメリカ仲裁協会（American Arbitration Association, AAA）の紛争解決国際センター（International Centre for Dispute Resolution, ICDR），ロンドン国際仲裁裁判所（London Court of International Arbitration, LCIA），日本の日本商事仲裁協会（JCAA）などが有名である。これらの常設仲裁機関は独自の仲裁規則を有しており，仲裁機関の合意はすなわち当該仲裁機関の手続規則によるとの合意を含むことになる。すなわち，日本商事仲裁協会での仲裁によると合意すれば，日本商事仲裁協会の仲裁規則により，日本商事仲裁協会が仲裁を行うことになる。アドホック仲裁では，UNCITRAL の作成した UNCITRAL 仲裁規則が定評ある規則としてよく使用されている。

　機関仲裁は手続が円滑かつ確実に進むメリットがあるが費用がかさむデメリットもある。個別仲裁は手続が柔軟に進む代わりに，当事者間の利害対立の先鋭化に伴い手続がストップする可能性なども生じる。

2　仲裁手続の流れ

　仲裁手続は，通常，仲裁付託の申立て→仲裁人の選任→事案の審理（審問）→仲裁判断と進行する。

　当事者は，仲裁申立書を仲裁機関に提出して手続を開始する。たとえばICCでいえば，パリのICC本部又は香港のアジア支部のICC仲裁裁判所事務局（北米に関連する申立てについては，ニューヨーク事務所にも提出が可能）に対して，仲裁申立書を提出して行う（ICC仲裁規則4条1項）。申立人は，申立料金として，返還されない前金の予納をしなければならない（ICC仲裁規則4条4項b）。仲裁機関の仲裁規則のほとんどは，仲裁手続開始を，仲裁申立書を仲裁機関に提出した時としており，被申立人への仲裁申立書の送達は仲裁機関によって行われる。

　以上に対し，アドホック仲裁の場合，仲裁手続は，通常，被申立人が仲裁申立書を受け取った日に開始する。

　仲裁廷は，仲裁申立ての時点ではまだ構成されていない。

　被申立人は，仲裁機関から申立書を受領した日から一定期間（ICCでは30日，ICC仲裁規則5条1項）以内に答弁書を仲裁機関に提出しなければならない。ただし，答弁書の提出期間の延長を申請することができる。

　仲裁廷が構成されると，仲裁廷は，仲裁申立書と答弁書に基づいて，事実上・法律上の争点や手続の進行について当事者と最初の協議を行う。国際仲裁の場合，世界に散らばる当事者・仲裁人全員が集まって適宜，協議していくことは困難である。最初に審理手続の計画を立てることが多い。

　手続の過程で，仲裁廷は，主張書面の提出回数（通常は各当事者二回ずつ），提出時期，証拠開示手続，口頭審問（証人尋問）の日程・場所と期間，その他の手続上の争点を当事者と協議し，決定すると手続命令を作成する。通常これは準備手続を通して行われる。主張書面の提出と口頭審問の後，最終主張書面の提出が双方から行われることが多く，その後，仲裁廷は結審し，仲裁判断を

言い渡す。

　もちろん，仲裁手続は当事者の和解によって終えることもできる（JCAA仲裁規則38条参照）。仲裁廷は，和解の内容を執行できるようにするため，当該内容を仲裁判断の形式にすることもできる。

　JCAAでは平均的な手続の所要期間は16.8カ月とされる。

　仲裁判断は終局的であり当事者に対して訴訟の判決と同じ法的拘束力を有するが，これを執行するには，裁判所による執行決定の手続が必要となる（仲裁法45条1項）。

　日本法では，仲裁地が日本国内か否かを問わず（仲裁法3条3項），勝訴した当事者が裁判所に対して執行決定を申し立てる際の手続は同じである（仲裁法45条1項，46条1項）。これに対し，敗訴した当事者は，当該執行決定において執行拒否事由を主張することができる（仲裁法46条8項）。また，仲裁地が日本国内の場合，別途，仲裁判断の通知から3カ月以内かつ執行決定確定前であれば，執行手続が開始しているか否かにかかわらず，裁判所に対し，仲裁判断の取消しも申し立てることができる（仲裁法44条2項）。

3　仲裁の対象

　仲裁法2条1項は，
「この法律において「仲裁合意」とは，既に生じた民事上の紛争又は将来において生ずる一定の法律関係（契約に基づくものであるかどうかを問わない。）に関する民事上の紛争の全部又は一部の解決を一人又は二人以上の仲裁人にゆだね，かつ，その判断（以下「仲裁判断」という。）に服する旨の合意をいう」と定める。

　対象はいずれにしても「民事上の紛争」でなければならないので，非訟事件について，いわゆる真正争訟事件を除いては仲裁合意の対象とできない。単なる事実の存否（たとえば過失の存在）に関する争いについての判断を第三者に委ねるのは，仲裁合意ではなく仲裁鑑定契約とされる。

将来の紛争を対象とするときは，当事者間の契約関係に基づく紛争であれ，それ以外の紛争（たとえば，不法行為に基づく紛争）であれ，「一定の法律関係」に関するものでなければならない。将来の紛争を対象とする仲裁条項は，「本契約に関して生じる一切の紛争」を仲裁に付託する旨の規定を置くことが多いが，これは「一定の法律関係」に関するものとして有効である。これに対し「当事者間のすべての取引関係から生じる一切の紛争」を対象とする仲裁合意は法律関係の特定性を欠き無効である。

なお，このほかに仲裁合意の有効要件として仲裁可能性があげられるが，これは仲裁法13条1項に規定がある。

4 仲裁廷

仲裁法2条2項は，
「この法律において「仲裁廷」とは，仲裁合意に基づき，その対象となる民事上の紛争について審理し，仲裁判断を行う一人の仲裁人又は二人以上の仲裁人の合議体をいう。」
と規定する。

有効な仲裁合意が存在しなければ仲裁権限をもち得ない仲裁廷（arbitral tribunal）は仲裁手続を進行させることはできず，仲裁手続の終了決定をしなければならない（仲裁法23条4項2号）。仲裁手続を進行させ仲裁判断をしたとしても，そのような仲裁判断は取り消し得べきものとなり（同法44条），また承認・執行されない（同法45条，46条）。

5 仲裁法の対象

仲裁法1条は，
「仲裁地が日本国内にある仲裁手続及び仲裁手続に関して裁判所が行う手続については，他の法令に定めるもののほか，この法律の定めるところによる。」

と規定し，仲裁地が日本国内にある仲裁手続に本法が適用されることを定めている。

同法3条1項は，

「次章から第7章まで，第9章及び第10章の規定は，次項及び第8条に定めるものを除き，仲裁地が日本国内にある場合について適用する。」

と規定する。すなわち，日本が仲裁地である場合，これら仲裁手続の準拠法は日本の仲裁法となる（仲裁法3条）。

また，同法4条は，

「仲裁手続に関しては，裁判所は，この法律に規定する場合に限り，その権限を行使することができる。」

と定める。たとえば，当事者が仲裁人の選定を行わない場合に裁判所に救済を求めたり（仲裁法17条参照，同法が適用されれば裁判所が仲裁人を選任することもありえる），仲裁人の忌避を求めたり（同法19条4項）することができる。また，一定の場合，証拠調べの実施（同法35条）や仲裁判断の取消し（同法44条）の申立てができる。このように，仲裁手続への介入を求めることができる「裁判所」は，仲裁地（すなわち当事者が仲裁地と定めた地）の国の裁判所と解されている（日本であれば仲裁法1条による）。

仲裁法上，仲裁手続に対する裁判所の権限には以下のものがある。書類の送達（12条2項），仲裁人の数の決定（16条3項），仲裁人の選任（17条2項後段・3項〜5項），仲裁人の忌避（19条4項），仲裁人の解任（20条），仲裁廷の権限の有無の判断（23条5項），証拠調べの実施（35条），仲裁判断の取消し（44条），仲裁判断の執行決定（46条）などである。

6　仲裁手続と準拠法

仲裁手続の開始や進行など仲裁手続に関する準拠法はどの国のものと考えるべきか。たとえば，仲裁機関の仲裁規則があるのに当事者が仲裁人を指定しない場合などにどこの国の手続法により救済を求めることになるのか。これにつ

いては2つの見解がある。

　当事者自治説（通則法7条）は，合意に基づく紛争解決手段であるという仲裁の特質から，当事者に仲裁手続の準拠法の合意を許す。また，仲裁合意の準拠法と一致するのが望ましい点も理由とする。なお，ニューヨーク条約は，仲裁手続は当事者の合意により，これがなければ仲裁地法によるとしている（5条1項(d)）。

　これに対し仲裁地法への客観的連結を重視する立場がある（仲裁地法説）。仲裁地とは異なる国の法を準拠法として指定してもそのような仲裁手続を実行するのは実際には困難であること，当事者が合意によって仲裁地強行法の適用を潜脱できるのは妥当でないことなどを理由とする。仲裁法3条1項も，一部の例外を除き，仲裁地が日本国内にある場合に「仲裁法」（つまり仲裁地法）が適用される旨規定している。

a）「仲裁地」の意義

　仲裁地法説を採る場合は特に，「仲裁地」はどのように決定されるかが問題となる。仲裁地国の裁判所は，上述のように仲裁人の選定や忌避など多くの場面で専属的な裁判管轄権を有する。仲裁地国の裁判所の介入を含め，仲裁手続の実効性を担保している手続法は仲裁地国手続法である。このように「仲裁地」は重要な概念である。

　しかしながら，仲裁法1条等を見ても仲裁地はいかなる地かについて明らかではない。諸外国でも"仲裁地とは何か"につき定説はないようである。

　「仲裁地」とは，一般に，仲裁判断がなされる地または仲裁手続の主要な部分が行われる地と理解されている。他方で仲裁廷は，仲裁地以外の場所で手続を行うことも許されるから（仲裁法28条3項参照），仲裁地と審問手続地は必ずしも一致しない。仲裁地は法的概念であって，当事者が選択できるものであり当事者がそこが仲裁地と定めた地が仲裁地となる（同条1項）。

　すなわち，仲裁地は，どの国の仲裁法が適用されるか，どの国の裁判所が管轄をもつかを決定する法的概念であるといえよう。たとえば，日本を仲裁地に

選択すると，我が国仲裁法が適用され（仲裁法1条，3条），また我が国裁判所が当該仲裁に関する手続の管轄を有することとなる。

このように，「仲裁地」自体が審問場所等とは異なる当事者が選択可能な法的概念とすると，仲裁地X国の法（すなわちX国の「仲裁法」）が適用されるとき，その根拠を，当事者がX法を選択したとみる（当事者自治説）か，合意した仲裁地X国の法へ客観的連結があるからとみる（仲裁地法説）かは説明の違いにすぎない。

b) 仲裁条項に仲裁地の記載がない場合

仲裁地の記載がなくとも仲裁機関とのその仲裁規則につき合意があれば多くの場合問題はない。多くの仲裁機関の仲裁規則には当事者間で合意がない場合の仲裁地の選択について規定が存する。たとえば，ICCではどうかといえば，前述のように仲裁の申立ては，パリのICC本部又は香港にあるアジア支部のICC仲裁裁判所事務局に仲裁申立書を提出して行う（ICC仲裁規則4条1項）。そして仲裁機関であるICC国際仲裁裁判所が仲裁地を決定することになる（同18条）。JCAA規則では仲裁申立てが提出されたJCAAの事務所の所在地が仲裁地となると定められている（JCAA規則36条1項）。アドホック仲裁で多く用いられるUNCITRAL仲裁規則では，仲裁廷に仲裁地を決定する権限を付与している（2010・2013年版UNCITRAL規則18条1項）。

それではさらに仲裁条項に仲裁地，仲裁機関・規則の記載がない場合はどうか。この場合当事者が事後にでもこれらを合意しない限り仲裁手続を実行すること自体困難となる。確かに，我が国の仲裁法には
「裁判所に対する次の各号に掲げる申立ては，仲裁地が定まっていない場合であって，仲裁地が日本国内となる可能性があり，かつ，申立人又は被申立人の普通裁判籍（最後の住所により定まるものを除く。）の所在地が日本国内にあるときも，することができる。」との規定がある（仲裁法8条1項柱書）。しかし「仲裁地が日本国内となる可能性」があるとの要件はハードルが高い。仮に，本条項が適用されて仲裁人の選任の申立てを我が国裁判所が行うことができれ

ば（同法8条1項1号・2号），仲裁廷が構成されて仲裁廷が仲裁地を決定し（同法28条2項），当該仲裁地の仲裁法を適用できる。したがって，仲裁廷を構成できるかが一つのカギである。

なお，仲裁地について規定されているが仲裁機関の仲裁規則について規定がない場合，当該仲裁地の仲裁法（たとえば我が国仲裁法）が適用されることになり，仲裁法の規定に従い手続を進めることは可能である。

7　仲裁合意の成立・効力の準拠法

(1)　仲裁合意の有効性意義

「仲裁合意」については仲裁法2条1項に規定があり，これは上記「3　仲裁の対象」の箇所（163頁）で論じた。仲裁合意に該当する契約について当事者の意思表示が合致する必要がある。この意思表示に瑕疵があるときは，民法の意思表示に関する規定（民法95条，96条，さらには90条など）により効力を否定される。

仲裁合意の有効性は，裁判所で訴訟提起された場合の妨訴抗弁の判断，仲裁廷の管轄判断，仲裁手続への援助，仲裁判断の取消し・執行などが裁判所に求められた場合に，その有効性をどの国の法によって判断すべきかという問題である。

当事者の一方が訴訟提起した場合，裁判所は仲裁合意の存在を職権で調査する必要はなく，他方当事者からの抗弁提出をまって勘酌すれば足りる。すなわち，仲裁合意の存在は妨訴抗弁として作用する（仲裁法14条1項）。ニューヨーク条約2条3項は「この条にいう合意〔注：仲裁合意〕をした事項について訴えが提起されたときは，締約国の裁判所は，その合意が無効であるか，失効しているか，又は履行不能であると認める場合を除き，当事者の一方の請求により，仲裁に付託すべきことを当事者に命じなければならない」と規定する。なお仲裁合意の存在が妨訴抗弁となるか否かは法廷地法による（「手続は法廷地法による」）。

仲裁合意が無効等である場合，裁判所は訴えを却下しない。仲裁法14条1項1号はこのような場合として「仲裁合意が無効，取消しその他の事由により効力を有しないとき」をあげており，ニューヨーク条約2条3項も「合意が無効，失効，又は履行不能である場合」をあげる。たとえば当事者の行為能力の欠如，詐欺・錯誤，強行法規違反（たとえば，仲裁法附則3条による消費者仲裁合意の解除，同4条による個別労働関係紛争仲裁の無効）等により，仲裁合意が無効であるか失効している場合である。

(2) **仲裁合意の準拠法**

仲裁法3条1項はモデル法にならい，仲裁地が日本国内にある場合に仲裁法の適用がある旨を規定しており，仲裁合意に関する第2章を除外していない。すると仲裁法は，仲裁合意の問題一般について，我が国が仲裁地となる限りは日本法を適用する趣旨とみることもできないではない。また，仲裁法は，仲裁判断の取消し・執行手続における仲裁合意の有効性の判断の場面で，第一次的に当事者が指定した法，それがないときは仲裁地法（日本法）によると定める（仲裁法44条1項2号，45条2項2号）。しかし，それ以外の場面について，仲裁合意の準拠法を定める一般規定は置かれていない。また主契約（たとえば売買契約など）と別に仲裁合意について単独に準拠法が定められることは稀である。そこで仲裁合意の成立および効力の準拠法が問題となる。これには諸説の対立がある。

当事者による準拠法の指定に従うとする当事者自治説がある（判例・多数説）。これは，仲裁合意を実体法上の契約とみて，通常の契約と同じく当事者による準拠法指定を許す（通則法7条の適用ないし類推適用）。

たとえば，主契約の準拠法の合意があれば，通常そこから仲裁合意の準拠法についての黙示の意思を推認できるであろう。他方，リングリング・サーカス事件・最判平成9年9月4日は，仲裁地法を仲裁合意の準拠法とする黙示の意思を認めうるとする（客観的連結による下記「仲裁地法説」とは異なることに注意）。他に，仲裁合意を訴訟法上の契約とみて，「手続は法廷地法に従う」と

の抵触法原則に従い法廷地法によるべきとする見解（法廷地法説），仲裁合意の準拠法につき当事者自治を否定し，仲裁地法への客観的連結によるべきとする見解（仲裁地法説）がある。当事者自治説をとりつつ，仲裁合意の準拠法が明示的に別途合意されることは稀であることから，黙示の意思を探究し主契約準拠法または仲裁地法によることになろう。

> **リングリング・サーカス事件**
>
> 　本件は，クロス方式の仲裁合意の事案であり，また主契約（興行契約）につき準拠法の指定がなかった事案である。この場合に，仲裁合意の準拠法として，（黙示の意思の探求により）仲裁地法と主契約の準拠法のいずれとするが問題となった。確かに本最判のように，仲裁地法を仲裁合意の準拠法とする黙示の合意を認めることに一理はあるが，本件はクロス式仲裁合意であるため，どちらが申立人かによって仲裁合意の準拠法が変わり（日本側が申し立てればニューヨーク州法，米国側が申し立てれば日本法が仲裁合意の準拠法となる），予見可能性の観点からこれは好ましくない。準拠法は単一で明確であることが好ましい。したがって，後者（主契約準拠法）により，興行地法である日本法を主契約準拠法として，これを仲裁合意の準拠法と考えるべきである。

8　主契約と仲裁契約との分離可能性

　仲裁法13条6項は，
「仲裁合意を含む一の契約において，仲裁合意以外の契約条項が無効，取消しその他の事由により効力を有しないものとされる場合においても，仲裁合意は，当然には，その効力を妨げられない。」
と定める。
　主契約に瑕疵があって無効とされ，又は取り消されたときでも，この瑕疵が仲裁合意の効力に当然に影響を及ぼすものではないし，また，主たる契約が解

除されたときでも，当然に仲裁合意まで解除されたことにはならない。

　仲裁合意は，主契約の一条項として規定されても，主契約から分離可能な独立した合意と解されている。最判昭和50年7月15日も同じ立場に立っていた。分離可能性の帰結として，国際商事仲裁にあっては，仲裁合意の準拠法と主契約の準拠法とは別に考えなければならないとの見解もある。

9 仲裁合意の方式の準拠法

(1) 合意の方式の意義

　仲裁合意の方式として書面性を要求することとした（仲裁法13条2項）。書面とは「当事者の全部が署名した文書」だけでなく，「当事者が交換した書簡又は電報（ファクシミリ装置その他の隔地者間の通信手段で文字による通信内容の記録が受信者に提供されるものを用いて送信されたものを含む。）その他の書面」でもよい（同法13条2項）。たとえば，仲裁合意の条項が記載されている売買契約書に全当事者が署名した場合はもとより，売買契約の一方当事者が注文書を送付し，これを受けた相手方当事者がその注文に応じる注文請書を返送した場合で，これらの書面に仲裁合意の条項が記載されているときは，当事者が交換した書面によって仲裁合意が締結されたことになる。要するに，本条2項にいう書面とは，仲裁合意が記録された書面であって，後から証拠とし得るものであれば足りると考えられることから，たとえば，船荷証券はその性質上この「その他の書面」に含まれると考えられる。

　当事者が書面をもって契約を締結し，その「契約の一部を構成するものとして」仲裁合意が記載された別の書面を引用したときは，その仲裁合意は書面によってされたものとされる（仲裁法13条3項）。このような場合には，仲裁合意が記載された書面が添付されていない場合であっても，その契約を仲裁合意付きのものとみなすこととして，仲裁合意の書面性を満たすものとする趣旨である。

(2) 方式の準拠法

　口頭での仲裁合意が許されるか，それとも書面性が要求されるか（ニューヨーク条約2条1項，仲裁法13条2項は書面を要求している）といった，仲裁合意の方式の準拠法はどのように考えるべきか。これにも諸説の対立がある。

　そのまま通則法10条1項・2項を類推適用し，仲裁合意の準拠法または行為地法（仲裁合意の締結地法）の選択的適用によるとするのが従来の通説である。また仲裁法13条を適用して，仲裁地たる日本法によるべきという有力説がある。この説は，仲裁法は方式準拠法の決定について特に定めを置かないが，適用範囲の規定である3条1項が13条を除外しないことからすれば，日本が仲裁地になる場合には13条2項ないし5項の方式規定が適用され，それ以外の場合には解釈によるとする。

10　仲裁判断において準拠すべき実体法

　日本が仲裁地である限り，仲裁判断で準拠すべき法は，①当事者の指定した法（抵触法を除く），これがなければ②当該紛争に最密接関連性のある国の法である（仲裁法36条1項・2項）。さらに，「衡平と善」による判断，慣習の考慮を求めている（同条3項・4項）。なお，一次的には当事者の合意する法，二次的には仲裁地国法との立場もある（ニューヨーク条約5条1項(a)参照）。

11　仲裁可能性（適格性）の準拠法

(1) 仲裁可能性の意義

　事件の仲裁可能性は紛争を法律構成する場面になって初めて問題となることが多い。たとえば，販売店契約であるが，この不履行解約は単なる民事紛争かもしれないが，それが独禁法違反という法的構成をとった瞬間，仲裁可能性の問題となる。

　仲裁可能性（arbitrability）につき，仲裁法13条1項は「当事者が和解をす

ることができる民事上の紛争」を対象とする旨を規定している。すなわち，和解可能性を基準とし，当事者の自由処分が許されない事件か否かという観点で区分している。なお，将来生じる個別労働関係紛争を対象とする場合（仲裁法附則4条），将来生じる消費者・事業者間の民事上の紛争を対象とする場合（ただし消費者側が仲裁合意を有利に援用できる）（同附則3条）は日本では公益的趣旨から仲裁適格性が認められない。これは13条1項の「法令に別段の定めがある場合」の例である。

仲裁法13条1項によって，和解可能性のない民事上の紛争を対象とする仲裁合意は無効である。また，仲裁可能性のない紛争についてなされた仲裁判断は，仲裁判断取消申立てにおける取消原因となる（仲裁法44条1項7号）。また，承認されず（同法45条2項8号），執行決定申立ての却下原因となる（同法46条8項）。

独占禁止法違反の事業者に対する被害者からの損害賠償請求（独禁法25条），及び，不正競争防止法による差止請求（不正競争法3条）や損害賠償請求（同法4条）については，仲裁契約を許さないとする理由は乏しい。金融商品取引法違反による損害賠償請求（金商法16条～22条など）については，損害賠償請求権そのものは，処分可能な私法上の権利であることからして，仲裁可能性を認めてよいであろう。知的財産権の侵害事件においては，侵害と有効性の双方が問題となり得る。このうち，知的財産権の侵害に対する差止めや損害賠償の請求は通常の財産上の請求であり，仲裁可能性が認められよう。後者，たとえば特許の有効性に関する争いについては，その判定権は特許庁が専属的に有しており，一般に和解可能性がないとして否定的に解されている。

(2) 仲裁可能性の準拠法

この仲裁可能性をいずれの国の法で判断するかは，①仲裁の申立て，②妨訴抗弁の提出，③仲裁判断の取消し，④外国仲裁判断の承認・執行の各段階で問題となる。なお，仲裁法44条1項7号は③につき，45条2項8号，46条8項は④につき，いずれも日本法によって仲裁可能性を判断すべきとしている。さらに，ニューヨーク条約は，外国仲裁判断の承認・執行の段階で，法廷地法（つ

まり承認・執行地の法）によるとしている（5条2項a号）。すなわち，仲裁判断の承認・執行は，承認・執行が求められた国の権限のある機関が"紛争対象事項がその国の法令により仲裁による解決が不可能である"と認める場合に拒否することができることになる。

仲裁可能性の準拠法の議論に関しては，大きく分けて，当該法律関係（反トラスト法違反事件や金商法違反事件）の準拠法とする説（実体準拠法所属国），仲裁合意の準拠法とする説，原則として仲裁地法とする説（仲裁手続準拠法所属国）が存在する。

仲裁可能性が問題とされる場面はさまざまであり，そうした場面ごとに個別に検討が加えられなければならない。少なくとも，当事者間で締結された仲裁契約を前提に仲裁廷により仲裁手続が進められ仲裁判断が下されるまでの場面と仲裁判断の承認執行の場面に分けて考えるべきである。

この問題は仲裁地の公法秩序の問題なので（裁判における法廷地と読み替えれば理解できる），原則として仲裁地法とする説が正しい。しかしながら，外国仲裁判断の承認・執行の段階では，ニューヨーク条約が正しく定めるように，承認・執行の法廷地の公法秩序の問題となるから法廷地法によるべきである（下記の1985年米国最判を参照）。仲裁法3条1項の文言から，少なくとも仲裁地が我が国にある場合には，同法13条1項によって仲裁可能性を判断すべきという見解はその点から正しい。

Mitsubishi Motors Corp. v. Soler Chrysler-Plymouth, Inc., 473 U.S. 614 (1985)

　ソーラー社と三菱との契約には東京での日本商事仲裁協会での仲裁の条項があったが，ソーラー社はシャーマン法違反等を理由に仲裁条項を無視してアメリカで三菱を提訴した。連邦最高裁は，国際取引の場面では紛争解決の予測可能性が重要であり，それは反トラスト法違反による民事救済の場合でも同じであるとし日本での仲裁を認めた。そのうえで，アメリカの裁判所は，日本の仲裁廷が行った仲裁判断につき，アメリカでの執行段階で，その承認執行がアメリカの公

序に反すると認めればこれを拒否すると判示した。

12　仲裁判断の取消し

仲裁法第44条第1項
　当事者は，次に掲げる事由があるときは，裁判所に対し，仲裁判断の取消しの申立てをすることができる。
　一　仲裁合意が，当事者の行為能力の制限により，その効力を有しないこと。
　二　仲裁合意が，当事者が合意により仲裁合意に適用すべきものとして指定した法令（当該指定がないときは，日本の法令）によれば，当事者の行為能力の制限以外の事由により，その効力を有しないこと。
　三　申立人が，仲裁人の選任手続又は仲裁手続において，日本の法令（その法令の公の秩序に関しない規定に関する事項について当事者間に合意があるときは，当該合意）により必要とされる通知を受けなかったこと。
　四　申立人が，仲裁手続において防御することが不可能であったこと。
　五　仲裁判断が，仲裁合意又は仲裁手続における申立ての範囲を超える事項に関する判断を含むものであること。
　六　仲裁廷の構成又は仲裁手続が，日本の法令（その法令の公の秩序に関しない規定に関する事項について当事者間に合意があるときは，当該合意）に違反するものであったこと。
　七　仲裁手続における申立てが，日本の法令によれば，仲裁合意の対象とすることができない紛争に関するものであること。
　八　仲裁判断の内容が，日本における公の秩序又は善良の風俗に反すること。

(1) 仲裁判断の取消しの趣旨

仲裁判断の取消しは，訴訟における上訴とは異なる性質の制度であり，裁判所へ再審理を求める上訴ではない。

我が国裁判所で取消しの対象となるのは，我が国を仲裁地とする仲裁判断に限られる。外国仲裁判断は取消しの対象とはならない。

裁判所の審査の対象は，当該仲裁判断に仲裁判断としての効力を認めるべき必須条件が備わっているか否かである。たとえば，事実認定の誤りや実体的判断基準としての法適用の誤りは審査の対象とはならない（実質的再審査の禁止）。実体的判断まで再審査するのでは裁判とは別に仲裁を制度を認める意義が損なわれてしまうからである。

仲裁判断取消しの申立ては仲裁判断書の写しが送付された日から3カ月以内とされている（仲裁法44条2項）。

仲裁判断の取消事由とその執行拒否事由（後述）とは共通性がある。取り消されるべき仲裁判断は執行も許されるべきでないし，執行を許すべきでない仲裁判断はあらかじめ取り消しておいてよいからである。しかし，たとえば，公序概念が国によって異なる以上，我が国の公序に反する（仲裁法44条1項8号参照）からといって直ちに取り消す必要はなく，我が国で執行することを阻止するため執行拒否事由としておけば足りると思われる。たとえば，懲罰的損害賠償を考えると，日本で取消事由と考える必要はなく執行拒否事由と考えれば足りる。

(2) 近時の注目すべき裁判例

仲裁人の利害関係の開示につき以下のような判例がある。

弁護士AはI法律事務所のシンガポール事務所に所属していた。弁護士Aは日本商事仲裁協会における本件仲裁の仲裁廷の長たる仲裁人に選任された。2013年2月以降，弁護士BはI法律事務所のサンフランシスコ事務所に所属し，別件訴訟で本件仲裁の当事者の関連会社の訴訟代理人を務めていた。この事実を開示しないまま，2014年に本件仲裁の当事者であるYに有利な仲裁判断を下

した。これは，仲裁法18条4項に定める開示義務違反を構成し，同法44条1項6号の取消事由に該当するかが争われた。

最決平成29年12月12日は，以下のように判示する。

仲裁人が当事者に対して仲裁法18条4項にいう「自己の公正性又は独立性に疑いを生じさせるおそれのある事実」が生ずる可能性があることを抽象的に述べたとしても，それは同項括弧書にいう「既に開示した」ことに当たらない。

仲裁人が，当事者に対して仲裁法18条4項にいう「自己の公正性又は独立性に疑いを生じさせるおそれのある事実」を開示しなかったことについて，同項所定の開示すべき義務に違反したというためには，仲裁手続が終了するまでに，仲裁人が当該事実を認識していたか，仲裁人が合理的な範囲の調査を行うことによって当該事実が通常判明し得たことが必要である。しかしながら，上記の各点について確定することなくAが開示義務に違反したとする原審の判断には裁判に影響を及ぼすことが明らかな法令の違反がある，とした。

また，以下の高裁決定は，仲裁判断の遺脱が取消事由になるかにつき，基本的な仲裁判断の枠組みを示したものであり教科書的な論述ながら大変参考になる。

原決定は，仲裁判断は，本件契約の判断に遺脱があり，これは我が国の民事訴訟法所定の再審事由（判決に影響を及ぼすべき重大な事項についての判断遺脱）に当たり，ひいては我が国の手続的公序に反するから，我が国の仲裁法44条1項8号所定の取消事由（仲裁判断の内容が我が国の公序良俗に反する）があるというものである。

これに対し，東京高決平成30年8月1日は以下のように述べる。少し長いが重要なセンテンスを示しておく。

(1) 国際商事仲裁モデル法とわが国の仲裁法

我が国の仲裁法は，UNCITRALが作成した国際商事仲裁モデル法に準拠して立案され，我が国の仲裁法の解釈においては，国内民事訴訟手続に関する緻密な

法令の解釈の傾向に流されることなく，諸外国の仲裁法と共通の解釈，国際的に通用する解釈を心掛けるべきである。仲裁人には，意識的に，訴訟手続とは異なる仲裁手続の特性（一審かつ終審制，迅速性，柔軟性，専門性など）を踏まえた審理を行うことが期待されている。国内民事訴訟手続におけるような緻密な手続上の義務や負担を仲裁人に課して，仲裁手続の特性を損ねることは，仲裁法の立法趣旨に反する。

(2) **事実認定，契約解釈，法律解釈の判断について**

仲裁判断の取消申立事件においては，仲裁判断の実質的な再審査を行うような審理は許されない。単なる実体法の解釈適用の誤りを理由として仲裁判断を取り消すことは，仲裁判断の実質的な再審査にほかならず，そのような判断をしてはならない。

(3) **手続違反の有無の判断について**

仲裁手続が仲裁地の民事訴訟法に違反していることは，それだけでは仲裁手続の法令違反（44条1項6号）には当たらない。民事訴訟法は，仲裁廷が行う仲裁手続には，適用も準用もされないからである。したがって，我が国の民事訴訟実務における旧訴訟物理論や弁論主義に違反する仲裁手続や仲裁判断があったとしても，そのことを理由として仲裁判断を取り消すことはできない。

(4) **仲裁判断の取消事由の解釈について**

我が国の仲裁法4条は，裁判所は仲裁手続や仲裁判断に対して謙抑的な姿勢で臨むべきことを定めている。仲裁判断を取消すことができるのは，わが国の仲裁法が定める仲裁判断の取消事由（44条1項1号～8号）がある場合に限られる。主に，仲裁における手続保障（デュープロセス）が守られていない場合に取り消すことができるのである。取消事由を定める規定（1号～8号）の解釈については，拡張解釈や類推解釈をすることは好ましくなく，条文の文言の枠に沿って解釈していくのが相当である。

仲裁判断の取消申立事件の申立人が仲裁手続において防御することが不可能であった（4号の取消事由）かどうかについては，当事者の仲裁廷に対する説明の機会を仲裁廷（又は仲裁人）が積極的に妨害するなどの明らかに不公正な手続進行があった場合には取り消せるが，仲裁廷が定めた期間等（我が国仲裁法31条，JCAA仲裁規則36条，49条）に単に不満があるというだけでは取り消すことはできない。

(5) 国内民事訴訟手続との相違

　我が国の仲裁法の25条や44条，45条の解釈基準は，日本の民事訴訟法の緻密な解釈論ではなく，仲裁などの民事紛争解決手続において守るべき基本原則の国際標準が基準となることである。その基本原則の国際標準は，我が国の仲裁法25条1項2項の「仲裁手続においては，当事者は，平等に取り扱われなければならない。」

　「仲裁手続においては，当事者は，事案について説明する十分な機会が与えられなければならない。」という規定が実質的に保障されていたかどうかに尽きる。実質的な保障があったかどうかの判断は，法律家の英知と良識に委ねられており，仲裁地の国内民事訴訟手続の緻密な解釈論に委ねられていない。

　仲裁などの民事紛争解決手続において守るべき基本原則の国際標準を超えて，仲裁地の裁判所が行う国内民事裁判手続に関する法令（我が国の民事訴訟法）や判例の緻密な解釈論が仲裁判断の取消事件にも適用されるとすれば，そのような国内裁判所を有する仲裁地は国際契約において避けられるようになる。このことは，我が国を仲裁地とする国際商事仲裁の発展に支障となり，我が国の仲裁法の立法趣旨にも反する。また，仲裁判断の実質的な再審査を求めるに帰するような主張は，簡潔な理由（たとえば，「申立人の主張は，結局のところ，仲裁判断の実質的な再審査を求めるものであって，仲裁判断の取消事由に当たらない。」など）で排斥すれば足りる。

　まことに妥当な判断であり，仲裁判断の取消制度が実質的な再審査を予定するものではなく，容易には仲裁判断の取消しが認められるものではないことが理解できる。

13　外国仲裁判断の承認・執行

(1)　ニューヨーク条約の適用

　ニューヨーク条約においては相互主義（1条3項）が規定されており，またジュネーブ条約に対しニューヨーク条約が優先する（7条2項）旨規定されている。その他に日本は種々の2カ国間条約を締結している。

ごく簡単に適用関係を示せば，ニューヨーク条約は締約国（甲国とする）の領域外でなされた仲裁判断（甲国からみれば「外国仲裁判断」）を，甲国で承認・執行するにつき適用される（1条1項）。仲裁当事者の所在，仲裁廷の所在とは関係なく，執行国の問題である。この場面では仲裁（判断）地国（乙国とする）が締約国か非締約国かは問わない。執行国が締約国かを調べれば十分である。しかしながら，甲国で相互保証の宣言（1条3項）をしているとすると，乙国も締約国でなければならないことになる。この宣言をしている場合非締約国でなされた仲裁判断には同条約は適用されない（日本も相互保証の宣言をしている）。多くの国はこの留保をしているため，実際には，執行国だけでなく仲裁地国も締約国であるかを事前に確認する必要がある。ただし，締結国か否か，相互保証の宣言をしているか否か等は即座に調べられる。

Convention on the Recognition and Enforcement of Foreign Arbitral Awards (New York, 1958) の "Status" を見る。これは以下のサイトによる。http://www.uncitral.org/uncitral/en/uncitral_texts/arbitration/NYConvention_status.html

加盟国一覧があり，そこに［加盟国名］，［注記］……［加盟日］という順で記載されている。［注記］における(a)は相互保証宣言ある国，(c)は商業仲裁に限る国を示している。たとえば，ブラジルは何らの制限がないが，インドは相互保証の制限と商業仲裁の制限の両方が留保されている。日本は相互保証のみということがわかる。

(2) **具体例**

ニューヨーク条約と仲裁法の適用関係につき事例で見てみる。

［事例］
　X社とY社が締結した売買契約には，これから生じる一切の紛争を仲裁で解決する旨の合意があった。
(1)　A国で仲裁手続が行われX社の申立てを認容する仲裁判断が下された。X社は日本でこの仲裁判断の承認・執行を求めることができるか。

(2) 日本で仲裁手続が行われX社の申立てを認容する仲裁判断が下された。X社はA国でこの仲裁判断の承認・執行を求めることができるか。

なお，日本はニューヨーク条約に加盟しており（ただし，1条3項の相互保証の宣言をしている），A国は非加盟であるとする。

(1)は執行可能である。ニューヨーク条約によれば，非締結国で仲裁判断がなされたので，相互主義の適用により，日本で執行されないはずである。しかしながら，仲裁法3条3項は「第8章の規定は，仲裁地が日本国内にある場合及び仲裁地が日本国外にある場合に適用する。」と定め，仲裁判断の承認・執行については（第8章），仲裁地が日本国外であっても適用される旨定めている。仲裁判断の効力については，仲裁地が日本国内にあるか外国にあるかを問わないとし，内国仲裁判断と外国仲裁判断を区別せず，仲裁判断の承認執行の規定を置いた（仲裁法45条，46条）。外国仲裁判断の承認・執行については二国間条約，多数国間条約及び国内法の規定の競合が生ずることとなり，条約の適用の対象とならない外国仲裁判断についても本法の規定が適用されることとなる。したがって，我が国ではニューヨーク条約の「相互主義の宣言」は事実上意味を失っている。承認には独立の手続は不要である。裁判所が強制執行を許す旨の決定（執行決定）をすることとなる（仲裁法46条，民事執行法22条6号の2）。

(2)はA国未加盟のため執行不能である。ただし，A国に我が国の「仲裁法」のような法律があれば，それにより執行可能となるかもしれない。(1)とは逆のパターンである。

(3) 仲裁判断の無効

仲裁判断は，一般に，仲裁人が当事者の申立てについて判断した書面（仲裁判断書）を作成し，仲裁地の法によって必要とされる手続を終了した時にその効力が生ずるとされている。もっとも，仲裁判断であっても，その形式，内容等からみて，著しく不当なときは，一般に，そのような仲裁判断は取消しの手続を経るまでもなく当然に無効と解されている。このような仲裁判断は承認，

執行の対象とはなり得ないということになろう。

14　仲裁法とニューヨーク条約の承認・執行の拒否事由

(1)　仲裁法の承認・執行の拒否事由

> **第45条**
> 1　仲裁判断（仲裁地が日本国内にあるかどうかを問わない。以下この章において同じ。）は，確定判決と同一の効力を有する。ただし，当該仲裁判断に基づく民事執行をするには，次条の規定による執行決定がなければならない。
> 2　前項の規定は，次に掲げる事由のいずれかがある場合（第1号から第7号までに掲げる事由にあっては，当事者のいずれかが当該事由の存在を証明した場合に限る。）には，適用しない。
> 一　仲裁合意が，当事者の行為能力の制限により，その効力を有しないこと。
> 二　仲裁合意が，当事者が合意により仲裁合意に適用すべきものとして指定した法令（当該指定がないときは，仲裁地が属する国の法令）によれば，当事者の行為能力の制限以外の事由により，その効力を有しないこと。
> 三　当事者が，仲裁人の選任手続又は仲裁手続において，仲裁地が属する国の法令の規定（その法令の公の秩序に関しない規定に関する事項について当事者間に合意があるときは，当該合意）により必要とされる通知を受けなかったこと。
> 四　当事者が，仲裁手続において防御することが不可能であったこと。
> 五　仲裁判断が，仲裁合意又は仲裁手続における申立ての範囲を超える事項に関する判断を含むものであること。
> 六　仲裁廷の構成又は仲裁手続が，仲裁地が属する国の法令の規定（そ

> の法令の公の秩序に関しない規定に関する事項について当事者間に合意があるときは，当該合意）に違反するものであったこと。
> 七　仲裁地が属する国（仲裁手続に適用された法令が仲裁地が属する国以外の国の法令である場合にあっては，当該国）の法令によれば，仲裁判断が確定していないこと，又は仲裁判断がその国の裁判機関により取り消され，若しくは効力を停止されたこと。
> 八　仲裁手続における申立てが，日本の法令によれば，仲裁合意の対象とすることができない紛争に関するものであること。
> 九　仲裁判断の内容が，日本における公の秩序又は善良の風俗に反すること。
> 3　前項第5号に掲げる事由がある場合において，当該仲裁判断から同号に規定する事項に関する部分を区分することができるときは，当該部分及び当該仲裁判断のその他の部分をそれぞれ独立した仲裁判断とみなして，同項の規定を適用する。

　仲裁判断の執行の申立てを却下する裁判及び外国仲裁判断の承認を求める申立てを却下又は棄却する裁判が，仲裁判断不承認の裁判である。仲裁判断の承認の要件は，基本的には仲裁判断取消事由と同様である。すなわち仲裁法45条2項の1号から6号まで，8号，9号はそれぞれ同法44条1項の1号から6号まで，7号，8号と同じである。取消し対象となるのは我が国を仲裁地とする仲裁判断に限るが，外国仲裁判断は取消しの対象でなく承認・執行の拒否事由となるという違いがある。

　仲裁法45条2項1号の当事者の行為能力の準拠法については，通則法の規定（4条，5条）による。2号の仲裁合意の準拠法については，当事者の合意があるときはそれにより，それがないときは仲裁地の属する国の法令による。7号は仲裁判断の未確定や効力停止の場合に拒否事由とするが，この場合に承認・執行を認めるとその後の修正を要し法律関係が混乱するからである。これは

ニューヨーク条約5条1項e号と同趣旨である。8号は紛争の仲裁可能性の判断につき，法廷地法（日本法）によるとの立場を定めている。

仲裁法45条3項は，仲裁合意又は仲裁申立ての範囲を超える仲裁判断であっても，その範囲内に限定して承認することが可能な場合には，その部分に限定して承認し，執行することができるという趣旨である。

(2) ニューヨーク条約の承認・執行の拒否事由

条約は，当事者の申立てが必要な拒否事由（ニューヨーク条約5条1項）と当事者の申立てが不要な拒否事由（同5条2項）に分けて記載している。

> **第5条**
> 1　判断の承認及び執行は，判断が不利益に援用される当事者の請求により，承認及び執行が求められた国の権限のある機関に対しその当事者が次の証拠を提出する場合に限り，拒否することができる。
> 　(a)　第2条に掲げる合意［仲裁合意］の当事者が，その当事者に適用される法令により無能力者であったこと又は前記の合意が，当事者がその準拠法として指定した法令により若しくはその指定がなかったときは判断がされた国の法令により有効でないこと。
> 　(b)　［仲裁］判断が不利益に援用される当事者が，仲裁人の選定若しくは仲裁手続について適当な通告を受けなかったこと又はその他の理由により防禦することが不可能であったこと。
> 　(c)　判断が，仲裁付託の条項に定められていない紛争若しくはその条項の範囲内にない紛争に関するものであること又は仲裁付託の範囲をこえる事項に関する判定を含むこと。ただし，仲裁に付託された事項に関する判定が付託されなかった事項に関する判定から分離することができる場合には，仲裁に付託された事項に関する判定を含む判断の部分は，承認し，かつ，執行することができるものとする。
> 　(d)　仲裁機関の構成又は仲裁手続が，当事者の合意に従っていなかった

> こと又は，そのような合意がなかったときは，仲裁が行なわれた国の法令に従っていなかったこと。
> (e) 判断が，まだ当事者を拘束するものとなるに至っていないこと又は，その判断がされた国若しくはその判断の基礎となった法令の属する国の権限のある機関により，取り消されたか若しくは停止されたこと。
> 2 仲裁判断の承認及び執行は，承認及び執行が求められた国の権限のある機関が次のことを認める場合においても，拒否することができる。
> (a) 紛争の対象である事項がその国の法令により仲裁による解決が不可能なものであること。
> (b) 判断の承認及び執行がその国の公の秩序に反すること。

なお，ニューヨーク条約では，上記の事由がある場合は仲裁判断の執行を「拒否できる」と定めており，「拒否しなければいけない」というわけではない。国によっては，拒否事由があっても，仲裁判断の執行を認めている場合もまれにある。

ニューヨーク条約5条1項(a)号は仲裁法45条2項1号と2号に対応し，以下同様に1項(b)号は3号と4号，1項(c)号は5号，1項(d)号は6号，1項(e)号は7号，2項(a)号は8号，2項(b)号は9号に各々対応している。ニューヨーク条約と異なるところは，仲裁法では仲裁合意の準拠法については当事者の指定した法により，それがないときは仲裁地法によるとし（仲裁法45条2項2号），また，仲裁手続に関する要件を仲裁地法によるとし（同項3号・6号・7号），準拠法を明示したことである。

(3) 承認・執行の拒否の例

具体的どのような事案で問題が生じるか。

> (1) カリフォルニア州でアメリカ仲裁協会の仲裁規則に基づいてなされた

仲裁判断が、XのYに対する損害賠償の支払い命令を理由を付さずに言い渡している場合、これは我が国において承認・執行されるか。
(2) 上記の仲裁判断で懲罰的損害賠償が命じられた。これは我が国において承認・執行されるか。

(1)については、仲裁手続における防御の不可能など仲裁法45条2項に定める承認拒否の事由に該当しないかぎり、仲裁判断は日本で承認される。仲裁判断への理由の不記載それ自体は承認拒否事由にはならない。拒絶事由の存在については、被申立人が証明責任を負う。

(2)の場合、懲罰賠償を命じるものであれば、仲裁法45条2項9号、46条8項にいう公序違反に該当しうるであろう（前出最判平成9年7月11日参照）。承認・執行拒否事由は、仲裁判断取消事由（同法44条）とほぼ同じであるが、仲裁可能性（前述参照）や公序違反については、仲裁地（カリフォルニア州）ではなく承認・執行の地（日本）の問題であることに注意すべきである。

15 仲裁廷と裁判所の保全処分

仲裁法15条は、
「仲裁合意は、その当事者が、当該仲裁合意の対象となる民事上の紛争に関して、仲裁手続の開始前又は進行中に、裁判所に対して保全処分の申立てをすること、及びその申立てを受けた裁判所が保全処分を命ずることを妨げない。」
と定める。

仲裁合意があっても、国家の裁判所における民事保全手続は不適法にしないとの趣旨である。本条は、仲裁地が日本国内にある場合、仲裁地が日本国外にある場合のいずれのケースにおいても適用される（仲裁法3条2項）。また、民事保全法37条5項によると、本案に関して仲裁合意がある場合、債権者は、国家の裁判所ではなく、一定期間内に仲裁廷において仲裁手続を開始しなければならず、これをしないときは、裁判所は、債務者の申立てにより、保全命令を

取り消すことになる（同条3項）。他方で，仲裁法24条1項は当事者間に別段の合意がない限り，仲裁廷は暫定措置又は保全措置を命ずることができる旨規定する。そこでまず，仲裁法15条に定める国家の裁判所による保全処分と，同法24条の仲裁廷による暫定措置等の関係が問題となる。

この論点については，別段の合意がない限り常に両者の競合を認め当事者の選択によりそのいずれにも申立てができるとする説と，仲裁廷の暫定措置等を優先させ裁判所のそれを補充的にみる説との争いがある。このような争いを未然に防ぐには，事前に保全処分を行う主体等につき合意しておくことが有効であろう。

裁判所による保全処分と仲裁廷による暫定措置等とのメリット・デメリットは何か。仲裁廷による保全処分の最大のデメリットは執行力がない点である。これに対し，仮に執行できなくとも，仲裁廷の行った保全命令に従わなかったという事実は，最終の仲裁判断において不利に働く可能性があるため事実上の強制力はあるとの反論もある。この反論に対し（本案の内容と離れた事情による）このような仲裁判断における不公平な扱いは正しいのかとの疑義も提起されている。

裁判所による保全処分の最大のメリットは逆に執行力があることである。民事保全法11条によれば，仮に差し押さえるべき物若しくは係争物が日本に所在する場合，または差し押さえるべき物若しくは係争物が日本に所在しないが日本の裁判所に本案の訴えを提起することができる場合も管轄権を有するので，我が国の裁判所が本案につき管轄権を有すれば，我が国の裁判所に保全処分の申立てをすればよい。

16　仲裁と調停等

(1)　簡易仲裁

簡易手続（expedited procedure）とは，通常の仲裁手続よりも，短期間のうちに，簡便な手続によって仲裁判断を得るための手続である。これは，仲裁

手続利用のハードルを下げるものとして，近時注目を集めている。ICC や SIAC（シンガポール国際仲裁センター），JCAA 等の仲裁機関で採用されている。

その具体的な内容は仲裁機関に拠るものの，一般的には，請求額の上限等の要件が課せられるとともに，単独仲裁人の選任，主張書面の数の制限，当事者の合意がある場合の書面審理の採用，短期間（基準日から 6 カ月以内等）での仲裁判断の言渡し等の特徴がある。

たとえば ICC は，2017年から簡易手続を導入しており，この簡易手続を利用した場合には，証人尋問，ディスカバリー等を行うことなく，約 6 カ月以内に仲裁判断が言い渡される。ICC では，請求額が200万ドル以下の紛争が簡易手続の対象となり，通常手続の仲裁費用と比べると若干安くなる。

(2) 調 停

調停（mediation）とは，当事者間で和解（settlement）が成立するように，当事者が指名した調停人などの第三者が介入して，紛争解決のために働きかけを行う手続である。当事者両方が合意（和解契約）しなければ調停は成立しない点で，仲裁人の行う仲裁判断による解決を目指す仲裁とは異なる。調停は迅速で柔軟で低コストな解決が可能とされる。しかしながら，調停「合意」に過ぎないため，ニューヨーク条約の枠組みでの承認・執行はできないとされている。このように調停人は法的拘束力（強制力）を有する判断を下すことはできない。

(3) Consent Award

調停合意に強制力を持たせるための仲裁手続上の方法としては，仲裁廷にその和解合意通りの内容の仲裁判断（Consent Award）を出してもらうことが考えられる。この場合，通常の仲裁判断と同様の執行力を付与する可能性がある。

この点，たとえば ICC 規則33条（同意による仲裁判断）は，「第16条に従い

記録が仲裁廷に送付された後に当事者が和解した場合，当事者からの要求があり仲裁廷が同意する限り，その和解の内容は，当事者の同意による仲裁判断の方式により記録されなければならない。」と規定しており，当事者の和解内容に仲裁廷が同意する場合に限り，Consent Award が出されることになっている。しかしながら，やはり Consent Award は仲裁廷が仲裁手続を遂行したうえで出した仲裁判断ではないことなどを理由として，ニューヨーク条約上執行可能な仲裁判断ではないとする意見もあるので注意を要する。

(4) ADR

なお，当事者以外に第三者が関与する手法のうち裁判所以外の方法によるものを一般に「裁判外紛争解決手続」（Alternative Dispute Resolution, ADR）という。2004年にいわゆる ADR 法（「裁判外紛争解決手続の利用の促進に関する法律」）が制定公布されたことにより，民間の主体による「和解の仲介」を行う手続（調停・あっせん）を対象とする「認証制度」（ADR 法5条以下）が導入された。これにより，これまで法制上統一的な位置付けを欠いていた民間型の「和解の仲介」についてその利便性，実効性，信頼性等の向上を図り利用を促進するための一連の措置（時効の中断（ADR 法25条），訴訟手続の中止（ADR 法26条），調停措置についての特例（ADR 法27条）など）が講じられるに至った。なお，仲裁判断は法的拘束力を有するが，ADR はそういった法的拘束力を目的とするものではない。

17　仲裁人

仲裁人は仲裁判断を行う人自体をいい，仲裁判断を行う機関自体は仲裁廷という（仲裁法2条2項）。仲裁人の数は当事者の合意によることになるが（同法16条1項），仲裁機関を指定するとその規則によって仲裁人の数が決まる場合がある。仲裁廷は1人または3人の仲裁人で構成されるのがほとんどである。仲裁人の員数が偶数だと仲裁人間で意見が分かれると仲裁判断ができない。1

人の場合，当事者が合意によって単独仲裁人を指名して，ICC 仲裁裁判所に確認を求めることになる（ICC 仲裁規則12条3項前段）。

　大型紛争の場合3名によって構成され，この場合両当事者がそのうち各1名の仲裁人を選任し，第三仲裁人，すなわち仲裁廷の長となる仲裁人は，仲裁機関又はすでに選任された2名の仲裁人によって選任される。また，仲裁人の選任方法も当事者の合意によることになるが（仲裁法17条1項），これも仲裁機関の規則で選任方法が定められていることが多い。指定した仲裁規則による場合は当事者の合意による場合と同様と考えられる。もし当事者が仲裁人の選任をできない場合は，仲裁機関（JCAA 仲裁規則25-29，ICC 規則12,13など）又は仲裁法上で権限を有する裁判所（仲裁法17条）が，個別の仲裁人又は仲裁廷を構成する仲裁人全員を選任することができる。

　仲裁人の忌避事由については，①当事者の合意により定められた仲裁人の要件を具備しないとき，②仲裁人の公正性又は独立性を疑うに足りる相当な理由があるときと定められている（仲裁法18条1項）。前者は，たとえば仲裁人の資格要件として"英語が第一言語でアメリカ法に精通しておりアメリカのいずれかの州の弁護士資格を10年以上保持していること"と合意したが，当該仲裁人がこれを充足しない場合である。後者は，裁判官の忌避と比べて厳しくすべきか緩やかであるべきか最も議論のあるところである。

　忌避手続についても当事者自治を取り入れている（仲裁法19条1項）。仲裁機関の規則で忌避手続を定めている場合もあり，その場合はその規則による。たとえば日本商事仲裁協会の仲裁規則31条がこれを規定している。

III

契約類型における検討

　仲裁法は消費者契約と個別労働関係の仲裁につき特例を定めている。仲裁合意の対象となる民事上の紛争について訴えが提起されたときは，受訴裁判所は，被告の申立てにより，訴えを却下しなければならない（仲裁法14条1項）。この規定がそのまま適用されると，経済的弱者である消費者や労働者が訴えを提起する機会を奪われ，不利益を被ることになりかねない。

　そこで，消費者保護，労働者保護のため仲裁法附則3条，附則4条の特例が設けられた。すなわち附則3条は，消費者と事業者との間に成立した仲裁合意に関する特例で，消費者と事業者の間でなされた将来において生ずる紛争を対象とする仲裁合意は，一定の要件と手続のもとで消費者が解除することができるとした。また附則4条は，個別労働紛争を対象とする特例で，将来において生ずる個別労働紛争を対象とする仲裁合意は無効とした。しかし，いずれも問題が多く，「当分の間」の暫定的な特例とされた。

仲裁法附則第3条

1　消費者（消費者契約法第2条第1項に規定する消費者をいう。以下この条において同じ。）と事業者（同条第2項に規定する事業者をいう。以下この条において同じ。）の間の将来において生ずる民事上の紛争を対象とする仲裁合意（次条に規定する仲裁合意を除く。以下この条において「消費者仲裁合意」という。）であって，この法律の施行後に締結

されたものに関しては，当分の間，次項から第7項までに定めるところによる。
2　消費者は，消費者仲裁合意を解除することができる。ただし，消費者が当該消費者仲裁合意に基づく仲裁手続の仲裁申立人となった場合は，この限りでない。
3　事業者が消費者仲裁合意に基づく仲裁手続の仲裁申立人となる場合においては，当該事業者は，仲裁廷が構成された後遅滞なく，第32条第1項の規定による口頭審理の実施の申立てをしなければならない。この場合において，仲裁廷は，口頭審理を実施する旨を決定し，当事者双方にその日時及び場所を通知しなければならない。
4～7　（略）

　本条1項では，「将来において生ずる民事上の紛争を対象とする仲裁合意」については，当分の間，本条2項から7項までの規定が適用されることとし，2項では消費者が仲裁合意を解除できること，3項から5項までは事業者が仲裁手続の申立てをした場合における審理手続の特則，6項と7項では消費者が仲裁合意を解除したとみなされる場合を定めている。

仲裁法附則第4条
　当分の間，この法律の施行後に成立した仲裁合意であって，将来において生ずる個別労働関係紛争（個別労働関係紛争の解決の促進に関する法律第1条に規定する個別労働関係紛争をいう。）を対象とするものは，無効とする。

　個別労働関係紛争解決促進法1条によれば，個別労働関係紛争とは，「労働条件その他労働関係に関する事項についての個々の労働者と事業主との間の紛

争（労働者の募集及び採用に関する事項についての個々の求職者と事業主との間の紛争を含む。）」と定義されている。以上の定義に従えば，本条にいう個別労働関係紛争に該当するためには，(1)労働条件その他労働関係に関する事項についての，(2)個々の労働者と事業主との間の紛争であることが要件となる。

　将来発生する個別労働関係紛争を対象とする仲裁合意は無効とされる。

IV 仲裁条項作成上の注意点

1 必要的記載事項

　仲裁条項では，仲裁機関，仲裁規則，仲裁地，仲裁判断の最終性の規定が必須である。いずれでも欠けると混乱が生じる。たとえば，「本契約から生じるすべての紛争は仲裁による」とだけ規定すると，国際的二重仲裁の状態を招くことは想像に難くない（たとえば東京とニューヨークで仲裁が並行することになる）。なお仲裁条項は訴訟で妨訴抗弁となる（仲裁法14条1項）。また，仲裁合意の有効要件として仲裁適格性（arbitrability）に留意すべきである。
　当事者は自由に仲裁手続を合意し設計できるのが原則である。仲裁規則を選択するメリットは，これをあらかじめ選択しておくことによって，仲裁手続をワンセットで取り込むことができ，必要に応じて，手続をプラス・マイナスすればよい点である。
　また，仲裁機関を選択しておくメリットは，当該仲裁機関が仲裁手続の進行を管理してくれることにある。仲裁機関を決めれば，通常は自動的にその仲裁規則に従うことになる。これに対しアドホック（ad hoc）仲裁の場合は別途に従うべき仲裁規則を選ばなければならない。
　仲裁地も選択しなければならない。前述のように「仲裁地」（the seat of arbitration と呼ばれる）は法的な概念である。これは，「どこの国の仲裁法が適用されるか」ということであり，たとえば，日本を仲裁地にすれば日本の仲裁

法が適用される。また仲裁手続の間に裁判所の援助が必要になれば、日本の裁判所にこれを求めることになる。しかしながら実際にどこで仲裁手続（審問手続など）をするかは別の話であり、仲裁地とは別にアメリカでもフランスでも審問等は可能である。また仲裁地がニューヨーク条約に加盟しているか否かは重要な要素となる場合があるので（相互主義の宣言のある場合）、その点も注意したい。自国以外に基本的にはメジャーな法制度先進国の仲裁地であってアクセスが良い場所を選択するべきである。

2 有益的記載事項

その他に有益的記載条項として、使用言語、仲裁人の員数、仲裁人の選任、調停前置、ディスカバリー、暫定措置、仲裁終了期限、費用負担、仲裁合意の準拠法等がありえる。仲裁手続は柔軟性があるので、仲裁条項の記載の自由度は高い。逆に言えば、十分に手続を理解して記載内容をつめる必要がある。

なお、さらに第三者が仲裁に参加できるかということについて定めておく必要が生じる場合がある。これを仲裁条項に盛り込む場合には必ず専門家のアドバイスを得る必要がある。

[一般的な仲裁条項]

> Arbitration
> Any difference or dispute between the parties hereto concerning the interpretation or validity of this Agreement or the rights and liability of the parties hereunder shall be settled by arbitration in Tokyo, Japan in accordance with the Commercial Arbitration Rules of the Japan Commercial Arbitration Association. The award thereof shall be final and binding upon the parties hereto. The language of the arbitration shall be English.

> **仲裁**
>
> 　本契約の解釈若しくは有効性又は当事者の権利及び責任に関する当事者間の見解の相違又は紛争は，日本国東京における仲裁により解決されるものとする。仲裁は，日本の日本商事仲裁協会の商事仲裁規則に従って行われるものとする。仲裁判断は最終的とし両当事者を拘束する。仲裁言語は英語とする。

　上記の例文は，紛争の対象，仲裁機関と仲裁規則，仲裁地，仲裁判断の最終性をすべて規定している

　使用言語は，当事者の合意により，これがなければ仲裁廷が定める（仲裁法30条1項・2項）。上記では使用言語は英語としている。使用言語の指定は，仲裁人選任に影響するとともに，仲裁廷での証拠調べ（文書の翻訳，証人の通訳等）に影響を及ぼす。たとえば，証人が通訳を介さずに外国語で証人尋問を行うことや外国語で記載された書類を翻訳なしで提出することを合意することもできる。これにより通訳や翻訳にかかる手間を大幅に減らすことができる。記載がないと，仲裁機関の仲裁手続に記載があればそれに従うことになる場合もある（たとえば，JCAA仲裁規則11条参照）。

[ICC（International Chamber of Commerce）モデル]

> All disputes arising out of or in connection with the present contract shall be finally settled under the Rules of Arbitration of the International Chamber of Commerce by one or more arbitrators appointed in accordance with the said Rules.
>
> 　本契約から生じる一切の紛争は，ICCの仲裁規則に従い，同規則により任命される1人以上の仲裁人により，最終的に解決されるものとする。

Ⅳ　仲裁条項作成上の注意点　197

[アメリカ AAA による仲裁]

> Any controversy or claim arising out of or relating to this Agreement or the breach thereof shall be settled by arbitration in New York City, New York in accordance with the laws of the State of New York. Such arbitration shall be conducted in accordance with the Rules of American Arbitration Association, and judgment upon the award rendered by the arbitrator(s) may be entered by any court having jurisdiction thereof or having jurisdiction over the relevant party or its assets.
>
> 　本契約またはその違反から，またはそれに関して生ずる紛争または請求は，ニューヨーク州法に従いニューヨーク州ニューヨーク市における仲裁で解決されるものとする。仲裁は，アメリカ仲裁協会規則に従って行われるものとし，仲裁人の仲裁判断に対し，それに管轄権を有するか又は関係当事者・財産に管轄権を有するいずれの裁判所からも執行判決を得ることができる。

アメリカで行われる国際仲裁には連邦仲裁法（Federal Arbitration Act）が適用される。ただし，これは不確実なので下記の文言を付記する。

> This Agreement and any arbitration conducted pursuant to its terms shall be governed by the Federal Arbitration Act (9 U.S.C. §§ 1-307)
>
> 　本契約およびその条項により実施される仲裁は連邦仲裁法に準拠する。

[UNCITRAL 規則による条項]

> All disputes arising between the parties relating to this Agreement or the interpretation or performance thereof shall be finally settled by

arbitration in English in New York, the U.S.A., by three (3) arbitrators in accordance with the Rules of Arbitration of the United Nations Commission on International Trade Law (UNCITRAL). Judgment upon the award rendered by arbitration may be entered in any court having jurisdiction thereof.

本契約またはその解釈もしくは履行に関連して当事者間に生ずるすべての紛争は，国連国際商取引法委員会（UNCITRAL）の仲裁規則に従い，アメリカ合衆国ニューヨークにおいて，3名の仲裁人で英語で行われる仲裁によって最終的に解決されるものとする。仲裁判断に対し，それに管轄権を有するいずれの裁判所からも執行判決を得ることができる。

AAAの国際部門であるICDR（International Centre for Dispute Resolution）がAAA規則ではなくUNCITRAL規則に基づき仲裁手続を遂行することもあり得る。

Any dispute, controversy, or claim arising out of or relating to this Agreement shall be settled by arbitration in accordance with the UNCITRAL Arbitration Rules. The case shall be administered by the International Centre for Dispute Resolution in accordance with its "Procedures for Cases under the UNCITRAL Arbitration Rules".

本契約から，またはそれに関して生ずる紛争，議論または請求はUNCITRAL仲裁規則に従い仲裁で解決する。事件はUNCITRAL仲裁規則の手続に従いICDRが運営するものとする。

[クロス方式の仲裁の例]

> All disputes arising under this Agreement shall be submitted to final and binding arbitration. If the respondent in such arbitration is XYZ, the arbitration shall be held in Tokyo, Japan in accordance with the rules of the Japan Commercial Arbitration Association. If the respondent is ABC, the arbitration shall be held in San Francisco, California, U.S.A. in accordance with the rules of the American Arbitration Association.
>
> 本契約から生ずるすべての紛争は最終的で拘束力のある仲裁に付託されるものとする。被申立人がXYZの場合，仲裁は日本国東京において日本の国際商事仲裁協会の規則に従って行われるものとする。被申立人がABCの場合，仲裁は米国カリフォルニア州サンフランシスコにおいてアメリカ仲裁協会の規則に従って行われるものとする。

上の文案では，XYZは日本法人，ABCはカリフォルニア州に本拠地を置く法人が想定されている。クロス方式は，公平であること，また相手方の地で仲裁をしなければならないことから仲裁申立て抑止の効果が働くこと（つまり話し合い解決の余地が増す）から好ましいとされる。ただし，その相手方の地が，公正な司法制度を期待できないときはクロス方式をとるべきではない。なお，前述のクロス方式の準拠法選択条項も参照のこと。

仲裁合意の成立・効力の準拠法はどのように考えるべきか。クロス方式の場合につき，リングリング・サーカス事件最判平成9年9月4日は，仲裁地法（この場合ニューヨーク州法）が仲裁契約準拠法となる旨の黙示の合意があったとする（169頁，170頁参照）。

[裁判権免除の放棄]

> To the fullest extent permitted by law, Japanese government hereby irrevocably waives any claim of sovereignty regarding any proceedings commenced pursuant to this Agreement, including, without limitation, any proceedings to recognize and/or enforce an award rendered by the arbitrator(s). Specifically, this waiver shall include immunity from suit, immunity from service of process, immunity from jurisdiction of any court, and immunity of property and revenues from execution and/or attachment.
>
> 　法が許容する範囲で，日本政府は，本契約に従い開始する手続に関する主権主張を，取消不能条件で放棄するものとし，これには仲裁人が言い渡した仲裁判断の承認・執行の手続を含むがこれに限定されない。特にこの放棄は，裁判からの免除，訴訟送達からの免除，裁判管轄権からの免除，資産・収入の執行・差押えからの免除を含む。

　本文で述べた通り，裁判権免除の放棄には，執行免除の放棄を忘れずに加える必要がある。民事裁判権法17条1項2号を参照のこと。

[仲裁人の員数]

　仲裁人は通常1人か3人かを選択し仲裁条項に記載することが多い。この記載があると，選任手続は，指定された仲裁機関の仲裁手続に則って行われることになる。ただし，念のため選任手続を条項に記載することもある。

> The arbitration shall be conducted by an arbitral tribunal consisting of three (3) members, one appointed by each party and the third appointed by the first two members.

> 仲裁は，3名の仲裁人によって構成される仲裁廷によって行われるものとする。その場合，各当事者が各1名の仲裁人を指名し，両2名の仲裁人が第三の仲裁人を指名するものとする。

たとえばICCの場合，合意がなければ，各当事者が1人ずつ選べるが，3人目の仲裁人はICCが選ぶことになる。仲裁人の選択をある程度コントロールしたいのであれば，上例のように各当事者が1人ずつ選び，その選ばれた2人が3人目を選ぶ方式がよい。下記は，若干手続を詳細にした例である。

> There shall be three arbitrators, one selected by the initiating party in the request for arbitration, the second selected by the other party within thirty (30) days of receipt of the request for arbitration, and the third, who shall act as chairperson, selected by the two party-appointed arbitrators within thirty (30) days of the selection of the second arbitrator. Any arbitrator(s) not selected within these time periods shall be selected by the Japan Commercial Arbitration Association.

> 仲裁人は3人とし，1人は仲裁申立人が選任し，2人目は仲裁申立て受領から30日以内に相手方が選任し，さらに議長となる3人目は，2人目が選任されてから30日以内に両者が選出した2人の仲裁人が選任する。この期間内に選任されない仲裁人は日本商事仲裁協会が選出する。

[仲裁人の資格等]

> All arbitrator(s) shall be fluent in English and Japanese, and be a lawyer in good standing admitted in the state of New York for at least 10

> years prior to the filing of the request for arbitration.
>
> すべての仲裁人は英語と日本語に流暢であるものとし，仲裁申立て前少なくても10年間ニューヨーク州で登録している良好な状況にある弁護士とする。

また契約書で特定の仲裁人を指名するのは好ましくない。死亡や利益相反の場合に仲裁人資格者不在となる可能性があるからである。なお，仲裁合意で仲裁人として選任した者が死亡等により任務が終了した場合は，仲裁法14条1項2号の「仲裁合意に基づく仲裁手続を行うことができないとき」にあたり，仲裁合意に反した訴えを受訴裁判所は却下しないとされる。

[ディスカバリーを認めない例文]
国際仲裁ではアメリカで通常行われるディスカバリーはかなり制限されている。

> The parties hereto agree that they shall have no right to seek production of documents or any other discovery in the arbitration proceedings. In addition, no party to this Agreement is permitted to make any application pursuant to 28 U.S.C. § 1782.
>
> 両当事者は，仲裁手続において，文書の提出又はその他のディスカバリーを求める権利を有しないものとする。加えて，両当事者は28 U.S.C.§1782による申請を認められない。

なお，28U.S.C.§1782は，「外国の裁判所及び国際裁判所，並びにその訴訟当事者への支援」であり，合衆国の外の訴訟手続の当事者が，その合衆国外訴訟手続で使用する証拠を得るため，合衆国連邦裁判所への申立を認め，連邦裁判所は米国での訴訟と同様の広範なディスカバリーを命じる権限を有する，

という規定である。

[ディスカバリーを一定程度認める例文]（下記例では文書提出と証言録取の手続）

In addition to the authority conferred on the arbitral tribunal by the above arbitration rules, the arbitral tribunal shall have the authority to order such production of documents and such depositions of party witnesses as may be reasonably requested by either party or by the arbitral tribunal itself. No party to this Agreement is permitted to make any application pursuant to 28 U.S.C. § 1782.

上記の仲裁規則により仲裁廷に与えられた権限に加え，仲裁廷は，一方当事者又は仲裁廷自身が合理的に要求する文書の提出と証言録取を命ずる権限を有するものとする。各当事者は，28U.S.C.§1782による申請を認められない。

[完全なディスカバリーを認める例文]

The parties hereto may seek or participate in discovery in accordance with the United States Federal Rules of Civil Procedure. Unresolved discovery disputes shall be submitted to the arbitrator(s).

両当事者は，連邦民事訴訟手続に従ったディスカバリーを求め，又は参加することができる。未解決のディスカバリーの争いは仲裁人に付託するものとする。

[暫定的救済]

仲裁機関には緊急救済のための規定をもっている機関もある（*e.g.*, Art. 37

of the ICDR Rules or Art. 29 of the ICC Rules)。

　ただし，注意すべきは，本文で述べたように，仲裁廷による保全処分には執行力がない点である。この点疑義があるなら，裁判所による保全処分の規定（裁判管轄の文例参照）に変更すべきである。

> Except as otherwise specifically limited in this Agreement, the arbitral tribunal shall have a power to grant any remedy or relief that it deems appropriate, whether provisional or final, including conservatory relief and injunctive relief, and any such measures ordered by the arbitral tribunal may, to the extent permitted by applicable law, be deemed to be a final award on the subject matter of the measures and shall be enforceable as such.
>
> 　本契約で他に特に制限する以外，仲裁廷は，暫定的か最終的かは問わず，適切とみなす一切の救済方法を付与する権限を有し，これには保存的救済や差止命令を含み，また仲裁廷が命ずるこれらの手段は，適用法が許容する範囲で，その手段の主題に対する最終の仲裁判断とみなすことができ，かつ，これは執行可能である。

> The arbitrator(s) shall have the power to grant an injunctive relief enjoining a party from performing any act prohibited, or compelling a party to perform any act required, by the terms of this Agreement.
>
> 　仲裁人は，本契約の規定により禁じられている行為の差止めを当事者に命じる禁止的差止命令，または本契約の規定により要求される行為を行うことを当事者に命じる差止命令による救済を与えることができる。

Ⅳ　仲裁条項作成上の注意点　205

> Either party may seek preliminary injunction for breach of any provisions of the Agreement in any court having competent jurisdiction.
>
> 　一方当事者は本契約の違反につき管轄権を有する裁判所に対し予備的差止命令を求めることができる。

　上記は，仲裁廷ではなく裁判所に差止仮処分を求めることを認める規定である。仮処分の強制力を確保したいのであれば裁判所の保全命令がよいであろう。

[仲裁でディスカバリーや保全処分を認める包括的な条項]

> In addition to the authority conferred on the arbitrators by the Commercial Arbitration Rules of the American Arbitration Association and laws, the arbitrators shall have the authority to order such discovery and production of documents, including the depositions of party witnesses, and to make such orders for interim relief, including injunctive relief, as they may deem just and equitable.
>
> 　アメリカ仲裁協会の商事仲裁規則と法律によって仲裁人に認められている権限に加えて，仲裁人は，証言録取（デポジション）を含むディスカバリー及び文書提出を命ずる権限，並びに差止命令を含む仲裁人が正義且つ衡平とみなす中間的な救済を命ずる権限を有するものとする。

["Fast-Track"による仲裁判断の言い渡し期限を設ける]

> The award shall be rendered within six (6) months of the appointment of the sole arbitrator or the chairperson (in case of three (3) arbitrators), unless the arbitral tribunal determines that the interest of justice

> or the complexity of the case requires that such limit be extended.
>
> 　仲裁廷が正義の要請又は事案の複雑性から延長すると判断しない限り，仲裁人（1人の場合）又は仲裁人議長（3人の仲裁人の場合）の選任から6カ月以内に仲裁判断を言い渡すものとする。

［誠実交渉を前置する］

> In the event of any allegation of breach or question of interpretation relating to this Agreement, the parties hereto shall meet and negotiate in good faith to settle the dispute amicably. If such dispute remains unresolved thirty (30) days after either party requests in writing negotiation, then upon the demand of either party, the dispute shall be submitted to binding arbitration.
>
> 　本契約に関連する違反の主張または解釈問題が生じた場合，当事者は，友好的に解決するために会合し誠実に交渉するものとする。一方当事者からの書面での交渉申し入れから30日経過しても解決できないときは，いずれか一方の当事者の要求により，当該紛争は拘束力を有する仲裁に付託される。

　事前交渉を認めるにしても期間を明確にしておかないと相手方から余計な引き延ばしにあってしまう可能性があるので，これを考慮した条項の起案が必要である。

［調停の条項］
　調停には本文記載のようなメリット・デメリットがある。調停手続を記載するときは，仲裁手続との関係を定める必要がある。

以下の例では，事前交渉→調停→仲裁が各々義務となっている。

Negotiation and Mediation

If any dispute or breach shall arise in connection with this Agreement, and if such dispute or breach cannot be settled through direct and amicable negotiation between the parties hereto, the parties shall submit the dispute or breach to mediation with a mediator to be mutually agreed upon by the parties. The mediation may be initiated by the written request of either party and notice thereof be sent to the other party, and shall be concluded within five (5) months of receipt of such notice, unless otherwise agreed by the parties.

If the two parties have reached a settlement agreement, either party may submit the dispute to the American Arbitration Association ("AAA") which shall, according to its internal arbitration procedures, give an arbitration award based on the contents of the settlement agreement.

In the event of the failure of any mediation as provided for above, the parties shall then settle the dispute by binding arbitration to be conducted at a mutually convenient location determined by the committee of the said mediation. Such arbitration shall be conducted in accordance with the rules then in effect of AAA by three (3) arbitrators appointed in accordance with such rules.

交渉及び調停

　本契約に関して紛争又は違反が生じ，その紛争又は違反が両当事者間の直接の友好的な交渉によって解決できない場合，両当事者はこの紛争又は違反を両当事者が相互に合意した調停人の調停に付託するものとする。調停は，一方当事者の書面による要請により開始することができ，この通知

> は他方当事者に送付されるものとし，両当事者が別段の合意をしない限り，調停はこの通知の受領から5カ月以内に終結するものとする。
> 　両当事者が和解合意に達した時，一方当事者はこの紛争をアメリカ仲裁協会に付託することができ，アメリカ仲裁協会は，その内部仲裁手続に従い，この和解の内容に基づき仲裁判断を言い渡す。
> 　上記の調停が不調に終わった場合，両当事者は上記調停の委員会によって決定された相互に便利な場所において実施される拘束力のある仲裁によってこの紛争を解決するものとする。この仲裁は，アメリカ仲裁協会のその時有効とされる規制に従いその規則に従って任命された3名の仲裁人によって実施されるものとする。

　調停は，柔軟で迅速であるとの長所もあるが，調停前置にすると仲裁をすぐに申立てできない（上記では5カ月間）という欠点もある。

　仲裁人が調停を行うことができるかは1つの論点である。仲裁法38条4項に「当事者双方の承諾がある場合には，仲裁廷又はその選任した一人若しくは二人以上の仲裁人は，仲裁手続に付された民事上の紛争について，和解を試みることができる。」との規定があり，この類推適用により可能であるとの見解がある。ただし両者を兼ねる場合，たとえば調停人の立場で知った情報につき守秘義務が課されるとすれば，これを仲裁手続で仲裁人の立場で無断で利用するのは違法ではないか，当事者にとって不意打ちになるのではないかといった論点が指摘されている。

[ICDR推薦の条項]

　以下にAAAのICDR（International Center for Dispute Resolution）が推奨する条項を3例示す。

① [Negotiation-Arbitration Clause]（交渉→仲裁）

> In the event of any controversy or claim arising out of or relating to this Agreement, or a breach thereof, the parties hereto shall consult and negotiate with each other and, recognizing their mutual interests, attempt to reach a satisfactory solution. If they do not reach settlement within a period of sixty (60) days, then, upon notice by any party to the other(s), any unresolved controversy or claim shall be settled by arbitration administered by the International Centre for Dispute Resolution in accordance with the provisions of its International Arbitration Rules.
>
> 本契約から生じる一切の紛争又は請求につき，両当事者は相互に相談し交渉し，相互の利益を認めて満足のいく解決に至るべく試みるものとする。60日以内にこの解決に至らない場合，一方当事者から他方相手方に対し通知をすることで，未解決の紛争又は請求を，ICDRの運営する仲裁でその国際仲裁規則に従って，解決するものとする。

② [Mediation-Arbitration Clause（Med-Arb clause)]（調停→仲裁）

> In the event of any controversy or claim arising out of or relating to this Agreement, the parties hereto agree first to try and settle the dispute by mediation, administered by the International Centre for Dispute Resolution under its Mediation Rules. If settlement is not reached within sixty (60) days after service of a written demand for mediation, any unresolved controversy or claim arising out of or relating to this Agreement shall be settled by arbitration administered by the International Centre for Dispute Resolution in accordance with the provisions of its International Arbitration Rules.

> 本契約から生じる一切の紛争又は請求につき，両当事者は，まずICDRが運営する調停によりその調停規則に従い紛争の解決を試みることに合意する。書面による調停の申立て送達から60日以内に解決に至らない場合，本契約から生じる未解決の紛争又は請求はICDRの運営する仲裁によりその国際仲裁規則に従って解決するものとする。

調停合意に執行力を持たせるため，仲裁の前に調停を前置することがある。調停不成立の場合等にその調停人がそのまま仲裁人となる場合があり，調停が成立した場合には，調停人がそのまま仲裁人となり Consent Award を出してもらうこともある。しかしこの仲裁判断のニューヨーク条約上の執行力については本文で述べたように不安定要因が強い。

③ [Model Negotiation-Mediation-Arbitration Clause (Med-Arb clause)]
（交渉→調停→仲裁）

> In the event of any controversy or claim arising out of or relating to this Agreement, the parties hereto shall consult and negotiate with each other and, recognizing their mutual interests, attempt to reach a solution satisfactory to both parties. If they do not reach settlement within a period of sixty (60) days, then either party may, by written notice to the other party and the International Centre for Dispute Resolution, demand mediation under the Mediation Rules of the International Centre for Dispute Resolution. If settlement is not reached within sixty (60) days after service of a written demand for mediation, any unresolved controversy or claim arising out of or relating to this Agreement shall be settled by arbitration administered by the International Centre for Dispute Resolution in accordance with its International Arbitration Rules.

IV 仲裁条項作成上の注意点 211

本契約から生じる一切の紛争又は請求につき，両当事者は相互に相談し交渉し，相互の利益を認めて満足のいく解決に至るべく試みるものとする。60日間でこの解決に至らない場合，各当事者は他方当事者とICDRに対し書面で通知をすることで，ICDRの調停規則に従い調停を求めることができる。書面での調停要求の送達から60日以内に解決しない場合，本契約から生じる未解決の紛争又は請求を，ICDRの運営する仲裁でその国際仲裁規則に従って，解決するものとする。

[シンガポール仲裁のモデル Arb-Med-Arb 条項]

All disputes, controversies or differences ("Dispute") arising out of or in connection with this contract, including any question regarding its existence, validity or termination, shall be referred to and finally resolved by arbitration in Singapore in accordance with the Arbitration Rules of the Singapore International Arbitration Centre ("SIAC") for the time being in force.
The parties hereto further agree that following the commencement of arbitration, they will attempt in good faith to resolve the Dispute through mediation at the Singapore International Mediation Centre ("SIMC"), in accordance with the SIAC-SIMC Arb-Med-Arb Protocol for the time being in force. Any settlement reached in the course of the mediation shall be referred to the arbitral tribunal appointed by SIAC and may be made a consent award on agreed terms.

本契約からまたはそれに関連して生じる，本契約の存在，有効性または終了に関する紛争を含むすべての紛争，論争又は相違（「本紛争」）は，その時点で施行されているシンガポール国際仲裁センター「SIAC」の仲裁

> 規則に従いシンガポールにおける仲裁に付託され，それにより最終的に解決されるものとする。
>
> また，両当事者は，仲裁が開始された後，その時点で施行されているSIAC-SIMCのArb-Med-Arb Protocol（仲裁・調停・仲裁実施要綱）に従い，シンガポール国際調停センター（「SIMC」）での調停を通じて本紛争を解決するよう誠実に努力することを合意する。調停により成立した和解は，SIACにより選任された仲裁廷に付託され，合意された条件により合意による仲裁判断（consent award）とすることができる。

仲裁手続中に調停を試みる手続はArb-Med-Arbとも呼ばれる。申立人・被申立人間で仲裁申立書・答弁書を提出し合った後，仲裁廷からシンガポール国際調停センター（SIMC）へと記録が送られ，調停手続となる（その間仲裁手続は中断される）。仲裁人と調停人は別の人が就く。調停の結果，当事者が調停合意に至ることができれば，当該合意内容が仲裁廷へと知らされ，仲裁廷は合意内容を仲裁判断（Consent Award）として言い渡す。一定の期間（原則として8週間）以内に当事者が合意に至ることができなければ，調停手続は終了し，仲裁手続が再開する。

[機密保持義務を負わせる]

> The existence and content of the arbitral proceedings and any rulings or award shall be kept confidential except (i) to the extent that disclosure may be required by either party hereto fulfill a legal duty, protect or pursue a legal right, or enforce or challenge an award in bona fide legal proceedings before a state court or other judicial authority, or (ii) with the written consent of all parties hereto. Notwithstanding anything to the contrary, either party hereto may disclose matters relating to the arbitration or the arbitral proceedings where necessary for the

preparation or presentation of a claim or defense in such arbitration.

　仲裁手続及び決定や仲裁判断の存在と内容は以下を除き機密とする：①ディスクロージャーが，州裁判所又はその他の司法当局での善意の法的手続で，法的義務を履行するため，法的権利を保護し追求するため，仲裁判断を執行し又は異議申立てするため，一方当事者が開示を必要とする場合，又は②全当事者の書面による同意がある場合。反対の規定があっても，その仲裁での請求又は防御の準備又は提示に必要な場合，一方当事者は仲裁又は仲裁手続に関する事項を開示することができる。

　仲裁手続は非公開であるが，当事者が相互に知りえた情報については機密とする旨の合意をしておくことが有益である。

[懲罰賠償や結果損害の排除の規定]

The arbitration award shall not include punitive damages, or indirect or consequential damages, and may grant any relief deemed by the arbitrator(s) to be just and equitable, including, but not limited to specific performance and/or interim relief.

　仲裁判断は懲罰的損害や間接・結果的損害を含まないものとし，また仲裁人が正義かつ衡平とみなす救済方法を言渡すことができ，これは特定履行や暫定的救済を含むが，これらに限定されない。

[仲裁費用の負担方法]

The arbitral tribunal may include in its award an allocation to any party of such costs and expenses, including attorneys' fees, as the arbitral tribunal shall deem reasonable.

仲裁廷は，その仲裁判断で，仲裁廷が妥当とみなす費用（弁護士報酬を含む）の当事者への分担を言い渡すことができる。

The arbitral tribunal may award its costs and expenses, including attorneys' fees, to the prevailing party, if any, and as determined by the arbitral tribunal in its discretion.

仲裁廷は，仲裁廷が裁量で決定するとおり，勝訴当事者に費用（弁護士報酬を含む）を与える旨言い渡すことができる。

The arbitral tribunal may include in their award an allocation to any party of such costs and expenses, including attorneys' fees, as the arbitral tribunal shall deem reasonable. In making such allocation, the arbitral tribunal shall consider the relative success of the parties on their claims, counterclaims, and defenses.

仲裁廷は，仲裁廷が妥当とみなすとおり，仲裁判断で，当事者に費用（弁護士報酬を含む）の分担を言い渡すことができる。分担をするに当たり，仲裁廷は，本請求，反対請求及び防御での当事者の成功（勝訴）を考慮するものとする。

[仲裁費用は平等負担とする]

All costs and expenses of the arbitral tribunal and of the arbitral institution shall be borne by the parties hereto equally. Each party shall bear all costs and expenses (including of its own attorneys' fees) involved in preparing and presenting its case.

仲裁廷と仲裁機関の一切の費用は当事者が平等に負担する。各当事者は事件の準備に関する一切の費用（自己の弁護士の報酬を含む）を負担する。

仲裁手続を開始する前に仲裁費用の分担につき合意するのはある意味容易である。敗訴者に①全額の費用負担を命じるか，②勝訴者の弁護士報酬の支払いを命じるか，などが論点となろう。

索　引

A〜Z

ADR……………………………………189
Arb-Med-Arb 条項……………………211
BBS 事件…………………………………61
CISG……………………………………70
Consent Award……………………188, 212
doing business の管轄………………116
ICDR……………………………………198
Med-Arb clause………………………209
OEM 契約………………………………43
UNCITRAL モデル仲裁法……………158

あ行

アドホック仲裁………………………161
域外管轄権………………………………18
域外適用…………………………………18
一般管轄原因…………………………107
インコタームズ……………………74, 99
ウィーン売買条約………………………70
　　――とインコタームズとの関係……75
営業所…………………………………107
営業所所在地管轄……………………115
応訴管轄………………………………126
オプト・アウト…………………………72

か行

カードリーダー事件………………61, 148
外国会社の子会社の管轄原因………117
外国公法不適用の原則…………………20
外国仲裁判断の承認・執行…………179
外国仲裁判断の承認及び執行に関する
　条約…………………………………158

外国判決の承認・執行………………133
外国法の主張・立証……………………32
外国法の適用違背と上告………………33
外国法の不明……………………………33
会社等の設立国管轄…………………117
介入規範…………………………………49
拡散的不法行為…………………………58
隔地的不法行為………………………118
隔地的法律行為…………………………47
過剰管轄………………………………115
化石化条項………………………………36
仮定的意思………………………………37
貨幣準拠法………………………………67
簡易仲裁………………………………187
間接管轄………………………………134
間接管轄独自説………………………134
間接規範…………………………………23
客観的併合……………………………122
強行法規の特別連結の理論……………49
鏡像原則説……………………………134
暗闇への跳躍………………………24, 30
クロス方式の準拠法選択……………100
クロス方式の仲裁……………………199
契約準拠法と不法行為準拠法の競合…60
原因事実完成時…………………………53
原告は被告の住所に従う……………106
行為性質説……………………………104
行為目的説……………………………104
効果主義…………………………………19
公序要件………………………………135
合弁契約…………………………………90
公法の一方的適用原則…………………20
国際裁判管轄…………………………102

──の合意に関するハーグ条約……133
国際商事仲裁モデル……158
国際的訴訟競合……128
個別労働関係紛争……192
個別労働関係民事紛争……144

さ 行

財産所在地管轄……114
裁判外紛争解決手続……189
裁判権の免除の放棄……104
裁判権免除……103
──の放棄条項……154
最密接関係地……39
最密接関係地法……39
債務の不存在確認訴訟……128
債務履行地管轄……111
サヴィニー……23
詐欺防止法……47
暫定措置……195
暫定的救済……203
事業活動地管轄……115
事後的な準拠法の指定・変更……44
示談（和解契約）……94
執行手続の免除放棄……105
実質的再審査の禁止……133
実質法……21
実質法的指定……36
自動承認制度……133
私法と公法……19
事務管理・不当利得の準拠法……55
事務所……107
住所……42,107
主観的併合……122
主観的併合管轄……147
主契約と仲裁契約との分離可能性……170
主契約との分離可能性……126
授権行為の準拠法……93

出訴制限……68
受動的消費者……83
準拠法……21
──選択の手法……18
──単一の原則……37
商業的取引……104
常居所……42
使用言語……195
常設仲裁機関……161
承認管轄……134
消費者契約の国際裁判管轄……140
消費者契約の準拠法……79
消滅時効……68
職務発明……89
シンガポール仲裁……211
人的不統一法国……29
制限免除主義……103
生産物責任……57
誠実交渉……206
製造物責任法……58
世界統一法型……21,22
絶対的強行法規……38,49,50,51,81
──の特別連結……50
絶対免除主義……103
設立準拠法主義……65
先決問題……25
専属的管轄合意……124
──の有効要件……124
選択的連結……27,46
相互主義……179
相互保証……137,151
──の宣言……180
相殺合意……96
相殺の準拠法……95
相対的強行法規……39,49
送達受取代理人……153
送達代理人……153

索　引　219

送達要件……………………………135
送致範囲……………………………26
　　──の問題………………………48
属地主義の原則…………………18, 61
存続条項……………………………11

た 行

対抗型訴訟…………………………128
対抗訴訟……………………………151
代用給付権…………………………68
代理関係……………………………93
単位法律関係………………………24
段階的連結…………………………27
担保物権の準拠法…………………55
地域的不統一法国…………………29
チサダネ号事件……………………125
知的財産権に関する国際裁判管轄……147
知的財産権の準拠法………………61
知的財産権の譲渡・ライセンスの
　準拠法……………………………63
知的財産権の侵害訴訟の管轄原因……121
仲裁…………………………………158
　　──は一回限り………………159
　　──は非公開…………………159
仲裁可能性…………………………172
仲裁鑑定契約………………………163
仲裁規則……………………………161
仲裁合意………………158, 163, 168
　　──の準拠法…………………195
　　──の成立・効力の準拠法……168
　　──の方式の準拠法…………171
仲裁終了期限………………………195
仲裁地………………………………166
仲裁廷……………………162, 164, 189
　　──の保全処分………………186
仲裁適格性…………………………172
仲裁手続と準拠法…………………165

仲裁人………………………………189
　　──の員数……………………195
　　──の忌避事由………………190
　　──の資格……………………201
　　──の選任……………………195
　　──を選ぶことができる……159
仲裁判断……………………………158
　　──の無効……………………181
　　──不承認の裁判……………183
仲裁費用の負担……………………213
仲裁法………………………………158
　　──の承認・執行の拒否事由……182
調停…………………………………188
　　──の条項……………………206
調停前置……………………………195
懲罰的損害賠償……………………136
著作権侵害の準拠法………………63
抵触法…………………………18, 21
　　──革命………………………31
　　──的指定……………………36
ディスカバリー………………195, 202
適応問題……………………………26
手続は法廷地法による………55, 168
デュー・プロセス条項……………109
統一規則………………………22, 74
登記…………………………………121
凍結条項……………………………36
当事者………………………………44
　　──自治の原則………………35
　　──による準拠法の変更……59
統治利益の理論……………………31
登録…………………………………121
特徴的給付の理論……………39, 40
特別裁判管轄原因…………………109
特別事情による却下………………106
特別の事情…………………………127
特別留保条項………………………60

土地管轄……………………………………102
特許権侵害の準拠法………………………61
特許独立の原則……………………………61
特許を受ける権利…………………………89

な 行

内国判決との抵触…………………………136
ニューヨーク条約……………………158,179
　　──の承認・執行の拒否事由………184
能動的消費者の適用除外…………………83

は 行

ハーグ送達条約……………………………135
バイスタンダー問題………………………58
売買における債権的側面と物権的側面
　との区別…………………………………52
配分的連結…………………………………27
場所的適用範囲の確定の手法……………18
場所は行為を支配する……………………46
反致………………………………………28,29
万民法型…………………………………21,22
表見代理・無権代理………………………94
標準約款……………………………………22
費用負担……………………………………195
付加的（任意的）管轄合意………………124
附合契約……………………………………37
物権準拠法…………………………………52
不統一国法の指定…………………………28
不統一法国…………………………………29
不動産管轄…………………………………119
不動産所在地法……………………………43
不法行為管轄………………………………118
不法行為地…………………………………118
不法行為についての公序による制限……59
不法行為の準拠法…………………………57
分割指定……………………………………37
併合請求の管轄権…………………………122

米国1976年外国主権免除法………………105
貿易条件の解釈に関する国際規則………74
法規分類説…………………………………23
法人従属法…………………………………65
法人の外部関係……………………………66
法人の権利能力・行為能力………………66
法性決定……………………………………25
法定代位……………………………………93
法定の専属管轄……………………………119
法の適用に関する通則法………………21,23
法律回避……………………………………27
法律行為の成立及び効力…………………35
法律行為の方式……………………………45
保証契約……………………………………91
保証債務の独立性…………………………91
保証の管轄原因……………………………147
保全事件の国際裁判管轄…………………132
本拠地法主義………………………………65

ま 行

マレーシア航空事件………………………108
未承認国法の適用…………………………30
民事裁判権法………………………………103
名誉又は信用の毀損………………………58
黙示の意思…………………………………36
黙示の選択…………………………………37

や 行

有益的記載条項……………………………195
より良い法の理論…………………………31

ら 行

リングリング・サーカス事件…………169,170
累積的連結（重畳的連結）………………27
例外条項……………………………………59
連結点………………………………………27
労働契約事件の国際裁判管轄……………144

労働契約の準拠法……………………84
労務提供地……………………86, 144
ローマⅠ規則………………………31, 50
ローマ条約………………………………31
ロングアーム・スタチュート…………109

わ行

和解………………………………………188
和解契約…………………………………94

【著者紹介】
大塚　章男（おおつか　あきお）
専門　国際企業法・会社法
1984年　一橋大学法学部卒業
1986年　弁護士登録，以降渉外事務所に所属
1990年　法学修士　サザン・メソジスト大学
1991年　経営学修士　サザン・メソジスト大学
2001年　博士（法学）筑波大学
2004年　東海大学　教授
2005年　筑波大学　教授（現在）
2011年　大塚総合法律事務所　所長弁護士（現在）
2013年　筑波大学ビジネス科学研究科法曹専攻長（2015年まで）
2018年　筑波大学大学院　ビジネス科学研究科長

主要著作
『事例で解く国際取引訴訟―国際取引法・国際私法・国際民事訴訟法の総合的アプローチ―〔第2版〕』（日本評論社，2018年）
『英文契約書の理論と実務』（中央経済社，2017年）
『ケースブック国際取引法』（青林書院，2004年）
Reforms of corporate Governance: Competing Models and Emerging Trends in the United Kingdom and the European Unnion, 14 S.C.J. Int'l L. & Bus. 71（2017）
「会社法と牴触法の交錯」国際取引法学会誌（2016年）
「国際的な知的財産権侵害における国際裁判管轄と準拠法の考察」筑波ロージャーナル18号1頁（2015年）
「コーポレートガバナンスの規範的検討―日本型モデルの機能的分析へ―」慶應法学28号31頁（2014年）
「国際的合併の法的考察」『融合する法律学（上）』（信山社，2006年）

国際取引における準拠法・裁判管轄・仲裁の基礎知識

2019年7月1日　第1版第1刷発行

著　者　大　塚　章　男
発行者　山　本　　　継
発行所　㈱中央経済社
発売元　㈱中央経済グループ
　　　　パブリッシング

〒101-0051　東京都千代田区神田神保町1-31-2
電　話　03（3293）3371（編集代表）
　　　　03（3293）3381（営業代表）
http://www.chuokeizai.co.jp/
印刷／東光整版印刷㈱
製本／㈲井上製本所

©2019
Printed in Japan

＊頁の「欠落」や「順序違い」などがありましたらお取り替えいたしますので発売元までご送付ください。（送料小社負担）

ISBN978-4-502-29681-9　C3032

JCOPY〈出版者著作権管理機構委託出版物〉本書を無断で複写複製（コピー）することは，著作権法上の例外を除き，禁じられています。本書をコピーされる場合は事前に出版者著作権管理機構（JCOPY）の許諾を受けてください。
JCOPY〈http://www.jcopy.or.jp　e メール：info@jcopy.or.jp〉